とてつもない 失敗の世界史

トム・フィリップス 著
Tom Phillips

HUMANS
A Brief History of
How We F★cked It All Up

禰冝田 亜希 訳
Aki Negita

河出書房新社

とてつもない失敗の世界史――目　次

はじめに――失敗の夜明け　7

第1章　人類の脳はあんぽんたんにできている　17
歴史上、最も奇妙な五つの集団ヒステリー　36

第2章　やみくもに環境を変化させたつけ　39
最後の一本まで木を伐採したイースター島　53
人類による破壊行為で失われた七つの美しい景観　58

第3章　気やすく生物を移動させたしっぺ返し　61
鳥をみくびってはならない――中国からスズメを駆除した毛沢東　71
鳥をみくびってはならない――米国にムクドリを放ったニューヨーカー　74
いてはならない土地に私たちがもち込んだあと五つの種　78

第4章 統治に向いていなかった専制君主たち 81
兄弟を幽閉するオスマン帝国の黄金の鳥かご 96
何もまかせてはならないあと五人の統治者 106
第5章 誰が誰を、誰が何をどう選ぶかの民主主義 109
初めからばかにされていたヒトラー 118
あまりうまくいかなかった六つの政策 123
第6章 人類の戦争好きは下手の横好き 125
おざなりだったケネディーのキューバ侵攻 143
あまりにもくだらない理由で起きた六つの戦争 147
第7章 残酷な植民地政策もヘマばかり 149
スコットランドを破綻させた投資家、パターソン 166

探検に失敗した五人の探検家　187
第8章　外交の決断が国の存亡を決める　189
チンギス・カンに消された大国ホラズム　199
四つのさらに印象深い国際的な失敗　210
第9章　テクノロジーは人類を救うのか　213
二度も地球を汚染した発明家、トマス・ミジリー　228
自分の科学実験で死亡した六人の科学者　242
第10章　人類が失敗を予測できなかった歴史　245
おわりに——将来の失敗　257
謝　辞　267
参考文献　269
訳者あとがき　273

とてつもない失敗の世界史

主題が主題なだけに
本書を家族に捧げれば
あらぬ誤解を招きかねないだろう

だから代わりに、大失敗をしたことがある
すべての人たちに本書を捧げる
あなたは独りではない

はじめに——失敗の夜明け

昔むかし、エチオピアの大河と草原に日がのぼるころ、若い雌のサルが木の上でのんびりとくつろいでいた。

その日、このサルが何を想い、何をしていたのかは誰にもわからない。食べ物を探そうと思っていたのか、交尾の相手を見つけようと思っていたのか、そうでなければ、隣の木のほうが枝ぶりが良さそうに見えたので、そちらに身を乗り出していたのかもしれない。ともかくその日に起こった出来事で、自分がその種《しゅ》で最も有名なサルになろうとは知るよしもなかった。また、そう知らされたところで、有名であることはこのサルにとって何の意味もなかっただろう。エチオピアにいることさえわからなかった。なにしろ、これはどこかの誰かが地図に線を引き、囲んだ形に名前をつけるという賢い考えを思いつく、何百万年も前の出来事だったのだから。私たちが領土をめぐって幾多の戦争を繰り広げたのは、ずっとあとになってからのことである。

このサルの一族は、同時代を生きたほかのサルたちとは少し違っていた。尻と脚にどこか普通でない特徴があり、そのために新しい方法で動くことができた。このサルの群れは木から降り、直立してサバンナを歩き始めた。この最初の変化がやがて、今を生きるあなたや私、地球上のありとあらゆる人たちにつながった。このサルにはわからなかったとはいえ、彼女はこれから始まろうとする最高に素晴らしい物語の序章を生きていた。これは人類のはるかなる旅の輝かしい夜明けだった。

そんなとき、彼女は木から落っこちて死んだ。

それから約三二〇万年後、化石となった彼女の骨を別のサルの群れが掘り当てた。その何匹かは博士号を取得していた。ときは一九六〇年代、この集団は当時、最高にハイになっていたビートルズの流行歌「ルーシー・イン・ザ・スカイ・ウィズ・ダイアモンズ」を聴いていた。それで、彼女をルーシーと名づけることにした。ルーシーはそれまで見つかっていなかったまったくの新種で、サルからヒトへの失われた進化の証拠、ミッシング・リンクとしてもてはやされた。この発見は世界中をとりこにした。やがて、誰もがルーシーの名を知るようになり、この種はのちに〈アウストラロピテクス・アファレンシス〉、またはアファール猿人と呼ばれるようになった。ルーシーの骨格はアメリカ各地の博物館を何年もまわり、今はアディスアベバにあるエチオピア国立博物館の呼び物となっている。

だが、なぜ私たちがルーシーを知っているかといえば、ひとえにルーシーがしくじったからだ。過去を振り返ってみると、これは大昔から状況がどう転びやすいかを示すわかりやすい典型例である。

本書は人類と人類に備わった底なしの失敗の器量について書いたものである。芸術や科学やイギリスのパブのように、私たちが人間であることに堂々と胸を張れるものもあれば、一方で、戦争や汚染や空港の立飲みスタンドのように、うつむいて失望に頭を抱えたくなるものもある。

世界で起こっている最近の出来事を見聞きして、あなたの個人的な意見がどうであるか、あなたの政治的な立場がどうであるかにかかわらず、こうぼやいたことがあるのではないだろうか。「なんてこった。どうして人間はこうなんだ?」

そんなとき、本書はせめてもの慰めになってくれる。「大丈夫だよ。私たちはいつだって、こうだったじゃないか。今もまだ同じところにいるというだけだよ!」と。

偉大な統治者や天才発明家、人間の不屈の精神など、栄光に満ちた人類の成功について書かれた本は山ほどある。個人のしくじりや社会規模の失敗についての本も山ほどある。しかし、人類が懲《こ》りもせず、終始一貫して破滅的な失敗を何度も何度も重ねていることをテーマにした本はそうはない。

これは宇宙が私たちをもてあそんでいるかのような皮肉だが、たいていの場合、人類がこれほどまで大規模に失敗をしでかすことができる理由は、人類がほかの動物たちとは違って偉業を成し遂げることができる理由とまさに同じである。人類は世界にパターンを見いだし、見いだしたパターンを仲間に伝え、こんなことをしたらあんなことが起こるはずだから、今より少し良い世の中になりそうだと、いまだ来たらぬ未来に想像を馳せることができる。

だが、困ったことに……私たちはそうするのがたいしてうまくない。これについて、人類のこれまでの出来を率直に評価すると、あなたを目の敵《かたき》にしている上司がくだす無慈悲な査定と同程度だ。私たちはありもしないパターンを想像してしまうし、仲間とのやりとりは心もとなくて、コミュニケーション能力はときに欠如している。したがって、このことを変えたらあのことも変わってきて、さらに悪いことに陥り、しまいには、ああやめてくれ、こんなことになっちまった、どうやって止めたらいいかわからない……となると、事前に気づけなかった残念な歴史がある。

人類がどんなに頂点を極め、どんなに厳しい試練に打ち克っても、失敗はつねにほんのすぐ先で待ちかまえている。歴史を例にとると、あるとき、あなたは九世紀のノース人で、現在はスコットランドの地となっているオークニー諸島を領土としていた伯爵、「屈強なシグルド」だ。討ち取ったピクト人の貴族、「出っ歯のマエル・ブリッテ」の生首を馬の鞍《くら》に下げ、意気揚々と凱旋《がいせん》している。

次の瞬間、あなたは……その二日後の屈強なシグルドだ。意気揚々と凱旋するとき、生首から突き出ていた歯で脚を擦《す》りむいたばかりに、感染症で息も絶え絶えになっている。

そう、屈強なシグルドは、ほんの数時間前に自分が首をはねた敵の出っ歯で返り討ちに遭うという、軍事史上まれに見る奇妙きてれつ大賞を受賞した。このことは二つの大事な教訓を教えてくれている。一、驕《おご》りについて、二、戦う相手は質の高い歯科衛生を心がけている者にかぎる重要性について。本書のおもな焦点となるのは驕りと、驕った直後のヘマについてだ。歯科衛生の歴史ファンの皆さんは残念でした。

次のこともまた、特筆すべき価値があるかもしれない。そもそも屈強なシグルドと出っ歯のマエル・ブリッテが戦ったのは、シグルドがマエル・ブリッテに互いに兵士四〇人ずつでの戦いを挑んだからだった。マエル・ブリッテは受けて立った。ところがシグルドは、倍の八〇人の兵士を率いて戦場に現れた。このようにシグルドの物語には、嫌なやつになるなよ、という、もう一つの大切な教訓があるかもしれない。これもまた奇遇だが、本書全体で繰り返される主題である。

勝利より敗北で歴史に名を残した人物は大勢いるが、あいにくシグルドもその一人である。本書で人類の歴史をざっとおさらいし、失敗列伝を見ていく旅に出よう。軽く忠告しておくが、他人の不幸があまりお好きでないなら、今、本書を閉じたほうがいいかもしれない。

人間の進歩の物語は、思考と創造性に幅が出てきたことに始まる。これが人間とほかの動物との違いだが、同時にこの幅があるせいで、私たちは日ごろからどうしようもないあんぽんたんになってしまうのだ。

本書の第1章「人類の脳はあんぽんたんにできている」では、私たちの祖先はどのようにものを考えていたのかを理解する。そして、世界をわかろうとするからこそ、脳にだまされてがっかりし、とんでもなく恐ろしい決断をしてしまう例を見ていく。

そして、第2章の「やみくもに環境を変化させたつけ」では、人類がまわりの環境を変化させ始めた農業の夜明けまでをおさらいし、人類がつねに自分たちの住んでいる場所をとことん破壊してしまい、間違っても次のような問いに対する答えをよく考えたりはしない能力に恵まれていることを知る。「ねえ、この川の流れを変えたときに起こるかもしれない最悪の事態ってどんなことだろう?」

続いて、第3章の「気やすく生物を移動させたしっぺ返し」では、自然を人間の意のままにしようとする行為が、ブレることなくつねに不手際きわまりないことを見ていく。数ある例のなかでも毛沢東と、浅はかなシェイクスピアのファンがどちらも極端に鳥をみくびったせいで、合わせ鏡のような大惨事を引き起こした例はとくに知っておくべきだろう。

人類の最も初期の社会が発展し、複雑さを増したとき、当然のなりゆきとして、ものごとを決断する責任者を必要とするようになった。第4章の「統治に向いていなかった専制君主たち」では、投票で選ばれていない統治者のうち、その役目を果たすのにこれでもかというほど最悪だった選《え》りすぐりの人物を見ていく。そして、第5章の「誰が誰を、誰が何をどう選ぶかの民主主義」では、民主主義についいて調べ、民主主義のほうが少しでもましかどうかを確かめる。

私たちはまわりの世界を変えることに成功してきたが、人類がすっかり愚かなひと、でない、になる真の潜在能力を秘めていることが一目瞭然になったのは、私たちが世界を旅し、異文明と出会うようになってからだった。まさにそのとき、人類は伸び伸びと羽を伸ばし、ものごとを深くとことんしくじった。

第6章の「人類の戦争好きは下手の横好き」では、長きにわたって無益な戦争をしてきた人類の歴史に思いを馳せて、結果として起こった最もばかげた例を検証する。たとえば、敵軍が戦場に現れなくとも戦いに敗れた部隊、時差があることをうっかり失念したせいで周到に準備した作戦を台なしにした戦いなどである。

第7章の「残酷な植民地政策もへマばかり」では、大航海時代の英雄たちと未知の世界に旅立つ。ここで発見するのは、(ネタばれ注意) 目も当てられない植民地政策での失敗である。

第8章の「外交の決断が国の存亡を決める」は異文化間でつつがなく交流するのに役立つ教訓をお見せする。西アジアのホラズム帝国の皇帝がたった一度の、おそらくは歴史上最悪な政治的判断をしでかし、顎《あご》ひげを燃やした話もする。

ここ数世紀の間に、科学とテクノロジーが進歩したおかげで、私たちは未曾有《みぞう》の革新、急速な変化、胸躍る人類の新たな過ちの時代に突入した。それが第9章の「テクノロジーは人類を救うのか」の焦点であり、ここでは科学でさえも間違うことがあることを見ていく。フランス人にしか見えない謎の放射線や、二〇世紀最悪の取り返しのつかない過ちを一度ならず二度も犯した男などである。

現代では変化の速度がめまぐるしいため、世界はややこしい場所になりうる。第10章の「人類が失敗を予測できなかった歴史」では、新しく出現した恐ろしい事態が身に降りかかることは予想しにくい、という例を振り返る。

最後に、「将来の失敗」では、人類のまぬけさ加減が今後、何世紀かのうちにどうなるかをこれまでの経験から予想し、おそらく私たちは自らのごみからつくりだした、人類専用の宇宙の鳥かごに閉じ込められると結論づける。

＊

本書は歴史と失敗についての本なのだから、必然的に、私たちが歴史をはなはだしく間違って理解しがちであることは指摘しておきたい。

まずいのは、歴史はそれをつかもうとする手からつるりと滑ってしまって、とらえられないことだ。起こった出来事の一部始終を事細かに書きとめておく人などいないし、書き手がことごとく間違っていることもありうる。書き手は何かに憤慨しているかもしれないし、大ボラ吹きかもしれないし、それこそ強烈な偏見の持ち主だということもありうる。往々にして、こうしたことがいくつも重なっているものだ。私たちが強者のシグルドの逸話を知っているのは、『世界の環』と『オークニー諸島人のサガ』という古ノルド語で書かれた二つの物語の両方に出てくるからだが、その記述が正しいとどうしてわかるだろうか？　わかりっこない。これがいにしえの北欧の抱腹絶倒のたわ言でないと、誰が完全に言い切れるだろうか。

言い切れっこない。歴史学者や考古学者など諸分野の専門家たちが束になって、どんなにめざましい仕事をしたところで言い切れるわけがないのだ。ある歴史家が言ったことだが、私たちが確実に知っている事柄は、実は知らないのに知っていると思い込んでいる事柄と比べたら、ほんのひと握りなのだという。これは私たちが知らないと確実に知っている多くの事柄と比べたら、微々たるものだ。知らないことさえ知らない事柄は、おそらくそれよりはるかに多いが、あいにくそのことを知るすべはない。

何を言いたいかというと、失敗についての本書に失敗がない可能性は、正直言ってきわめて小さい。だから、せめてどこが不確実であるかをはっきりさせたいと思っている。不確実だということだけはとても確実で、せいぜいできるのは、経験上、これは正しそうだという憶測でしかない。あまりに完璧すぎて信じがたい話や、典拠の怪しい話、語られるたびに尾ひれがつく歴史の逸話のたぐいは避けるつもりでいる。間違いがないことを願いたい。

このことは、三二〇万年前に木から落っこちたルーシーの話につながる。彼女が木から落っこちたとなぜわかるのだろうか？　二〇一六年、アメリカとエチオピアの研究者の合同チームが、世界に冠たる科学誌「ネイチャー」に研究成果を載せた。研究はルーシーの化石化した骨をＣＴスキャンで撮影し、骨の３Ｄコンピュータ地図を作成し、骨格を再構成する、というものだった。結果としてわかったのは、ルーシーの傷は生きている骨に起こる種類の骨の砕けかたをしていて、その傷は癒えなかったことだった。つまり、ルーシーは骨折したときはまだ生きていたが、しばらくして息絶えた。これを大勢の整形外科医に見せたところ、皆の見解は同じだった。これは高いところから転落した人に見られる骨折で、腕の折れかたから転落の衝撃をやわらげようと手を前に伸ばしたことがわかる、と言うのだ。地政学的な研究からは、ルーシーが平坦な森林地帯に住んでいたことがわかった。そこは崖や岩礁などはない大河のほとりだった。となると？　やはり、ルーシーは木から落ちたのだ。

これは実に優れた研究だったので、その分野のほかの専門家たちの間で評判になった。ただ、ルーシーを発見したドナルド・ジョハンソンなど、何人かの専門家たちはそう思わなかった。正確な引用ではないが、彼らはこんなことを言っている。「違うね。骨の傷は地中に埋まっていた三二〇万年の間にできたのだ」

それで、いったいルーシーは木から落ちたのだろうか？　おそらくそうだ。いろいろな意味で、まさにこれが本書の要点である。研究者チームは科学的な証拠にもとづいて結論を導き出したが、これほどまでの功績があってもなお間違っているかもしれない。ある分野で世界のリーダーになれて、これまでの経歴で最高の研究をして、画期的な研究成果を世界で一流の雑誌に載せた。その研究は、古生物学、物理学、コンピュータ科学、薬学、法医学、地質学など、おのおのかけ離れた分野の最新技術や知識をおりまぜたものだ。これが何百万年も前の扉を開いてくれ、当時、起こった出来事を垣間見ることができる。そこまでしても誰かがふらりとやってきて、こう言い放つかもしれない。「違うよそんなはずがない」

このように、やっと全部をやり終えたと思ったとき、つねに背後に漠然と控えている何かに足をすくわれるのだ。

屈強なシグルドを忘れてはならない。

第1章　人類の脳はあんぽんたんにできている

人類が本格的に皆のものを皆で台なしにし始めたのは、約七万年前のことだった。それはちょうど、私たちの祖先の一行がアフリカから出て、まずはアジアへ、しばらくしてヨーロッパへと地上にちらばり始めたころである。このことでなぜ大勢がつらい思いをしたかというと、当時、地上の人類は私たちの種である〈ホモ・サピエンス〉だけではなかったからである。それどころではない。正確にどれだけの種類の人類が地上を歩きまわっていたかについては、今でも諸説ある。骨格のかけらやＤＮＡの一部をもとに、どんなものが別種であり、亜種であり、または同種ではあるが微妙にちがう変種だとみなすことができるかなどを、きっちりと割りだそうとする研究は一筋縄ではいかない（ちなみに、たまたま古人類学を専門とする学者たちの間に居合わせることでもあったら、暇つぶしに議論をふっかけるのにこの話題はうってつけである）。だがどう分類しても、当時、少なくとも私たちのほかに二種の人類が地上にいた。有名なほうは〈ホモ・ネアンデルターレンシス〉、よく知られている別名はネアンデルタール人である。彼らは私たちの祖先に先立ってアフリカを出た先発隊の子孫として、ヨーロッパの大部分とアジアの広い地域に一〇万年以上住み、おしなべて良い暮らしをしていた。

いとこたちにとって不運だったのは、数万年前に私たちの先祖がどっと押し寄せてきたことだ。進化の用語では「またたくまに」、ネアンデルタール人をはじめとする人類の親戚一同は地上からいなくなった。現世人類の私たちがやってくると、途端にご近所さんがいなくなるというパターンが人類の歴史を通じてにわかにできあがった。私たちがやってくると、わずか数千年でネアンデルタール人は私たちのＤＮＡにその遺伝子をうっすらと残して、化石の記録から消えていった。このことから、あとで侵入してきた新参者の人類が、ほんのわずかだが確実にネアンデルタール人と交雑したことがわかる。あなたがヨーロッパ人かアジア人の子孫なら、ＤＮＡの一～四％はネアンデルタール人に由来している可能性が高い。

なぜ、どのようにして、いとこたちが猛スピードで絶滅に向かっているさなかに、私たちだけが生き延びたのか。これもまた諸説あり、有力な仮説の多くは本書に何度も出てくる主題である。人類の歴史はおおかたよそへ行ったときにどういうわけか拾ってきて、互いに交換し合っている病気の歴史にすぎない。だから私たちがやってきたとき、ネアンデルタール人には抵抗力がなかった病気を持ち込んだことで偶然、全滅させてしまったのかもしれない。そうでなければ、私たちは気候変動に適応しやすかったおかげで運がよかったのかもしれない。考古学の証拠からわかるのは、私たちの祖先は大きな社会集団で暮らし、広域で連絡を取り合い、物々交換をしていたことである。したがって寒波に襲われたとき、私たちの祖先より近所づきあいが悪く、しんねりむっつりとしていたネアンデルタール人たちと比べたら、必要な物資を首尾よく確保できたのかもしれない。

そうでなければ殺してしまったのかもしれない。まあ、それが私たちだから。

こうしたことは、あらゆる可能性のなかで、たった一つの理由ですっきりと説明できるものではないだろう。たいていの物事はそんなふうに割り切れない。だが有力な説には一つ共通点がある。脳と脳をどう使うかだ。ものごとは「私たちは頭が良くて、彼らは頭が悪い」という単純なものではない。ネアンデルタール人は、ちまたでよく言われているような、おつむの弱いでくのぼうではなかった。脳は私たちと同じくらい大きかったし、道具をつくり、火を扱っていたし、あとになってホモ・サピエンスがやってきて何もかも刷新するまでは、ヨーロッパで抽象芸術や宝飾品をつくっていたほどだった。だが、私たちがいとこのネアンデルタール人にまさっていたと思われる利点は、おおかた思考とかかわりがある。それには環境への適応力が高かったことや、使っていた道具がより高度で、社会構造がより複雑だったこと、集団内で、または集団と集団の間で交わしていた意思疎通のしかたなどが含まれる。

私たちの思考のしかたには、私たちにしかない特別なものがある。当たり前ではないか。曲がりなりにも、私たちは自称〈ホモ・サピエンス〉なのだ。これはラテン語で「賢い人間」を意味する。率直に言って、謙虚さが私たちの種の特徴だった例《ためし》はない。

私たちの自尊心に公平を期すために言っておくが、人類の脳は実に優れたマシンである。まわりの環境にパターンを見いだし、状況がどうなっているかを知識や経験にもとづいて推測できる。このとき、目に見えないものを含む世界の複雑なメンタルモデル〔行動のイメージ〕を構築することができる。

そして、構築したメンタルモデルをもとに、想像力を羽ばたかせることができる。今いる状況を改善したら、世界がどう変わるかを思い描くことができる。こうした考えをほかの人たちに伝達できるので、ほかの人たちは、それに私たちが思いつかなかった改良を加え、知識や発明を共有のものとして後世に伝えることができる。そして、ほかの人たちを説き伏せ、頭の中の想像でしかなかった計画に集団で取り組むことで、独りではとうていやりきれない大事業をやり遂げることができる。これを一〇万回のさまざまな方法で何度も繰り返し、かつてはめざましい革新だったことがいつしか伝統となる。そこからまた新しい革新が生まれ、やがて文化だとか社会だとか呼ばれるものになっていく。

こんなふうに考えたらいい。最初の段階では、棘《とげ》やこぶだらけのものよりも、丸いもののほうが丘をうまく転がり落ちることに気づく。次の段階では、道具を使って丸いものを削り、もっと丸くすると、もっとうまく転がることがわかる。三つ目の段階で、丸くしたものを友達に見せると、同じものを四つくっつけて四輪車をつくる、という考えをほかの人たちが思いつく。四つ目の段階では、きらびやかな二輪戦車の連隊をつくって、情け深いが容赦ない統治者の栄光をしもじもの者に知らしめる。そして、五つ目の段階では、ファミリーカーで高速道路にくり出し、ひと昔前に流行《はや》ったヒット曲を聴きながら、大型トラックに向かって中指を立てるのだ。

重箱の隅をつつきたい方への重要な覚え書き――これはでたらめな記述であり、車輪の発明を面白おかしく描いたものである。実際、車輪は物事の仕組みが成り立つうえで、驚くほど遅い時期につくられた。それまで文明は何千年も、明るく楽しく車輪なしでまごつきながらやってきた。考古学の歴史上初の車輪は、約五五〇〇年前のメソポタミアに突如としてあらわれ、当時はものを運ぶことにさえ使われていなかった。それは陶器をつくる台として使われたろくろだった。誰かがろくろを縦に立てるという頭のいい考えを思いつき、それをごろごろと押して使い始めた。このように、この工程を始めたことが、究極的には自動車番組「トップギア」につながることになった。前の段落で気分を害された車輪学者がいたら申し訳ない。描写はあくまでイメージである。

だが、人類の脳はこんなに優れているにもかかわらず、極端に変てこで最悪のときに果てしなくおかしなことをしでかしやすい。毎度のように恐ろしい決断を重ね、ばかげたことを信じ、目の前にある証拠から目をそむけ、まったくもってナンセンスな計画を行きあたりばったりに思いつく。私たちの心は交響曲や都市、相対性理論などという複雑な事柄の現前を想像できるのに、売店でどのスナック菓子を買おうか決めるのに、五分間も思い悩む。

私たちの独特な思考のしかたは、どんなに素晴らしい方法で世界を思うように変えることを可能にしてきたのだろう？　それでいて、それがどんなに最悪かがわかりきっているのに、可能なかぎり確実に最悪の選択を絶えまなくできるのだろう？　つまり、私たちは月に人を送ることができるほど賢いのに、どうしてあんなメッセージをもう別れたはずの元カノに送ることができるのか。煎じ詰めれば、その答えは私たちの脳の進化のしかたにある。

つまるところ、進化のプロセスは気の利いたものではない。少なくとも唐変木《とうへんぼく》のうすらとんかちなのである。進化において何が肝心かというと、あらゆる状況に潜む恐ろしい死の危険を何千回もかいくぐり、なんとか生き延びて確実に遺伝子を次世代に伝えることである。そうできたならお疲れさま。できなければ残念でした。進化は将来など気にかけない。ある遺伝子の特質が子々孫々を絶滅させてしまうはなはだ時代遅れなものであっても、〈今、このとき〉に都合がよければ選ばれていく。逆にいえば先の見通しなど気にかけない。たとえば、「この特質は今のところ支障があるかもしれないが、一万年後の子孫にはすごく役立つよ。絶対に」と言っても無駄である。進化は先々の計画を立てることで結果を得るのではない。危険だらけで容赦ない世界でとてつもなく大量の生物がひしめき、食欲と性欲に身もだえし、誰が生き延びるかを見るものだ。

このことから、私たちの脳は最高に優秀な思考マシンをつくる目的で精巧に設計された結果ではないことがわかる。むしろ、その場しのぎの間に合わせや近道をゆるくつなぎあわせたものである。この近道のおかげで私たちの遠い祖先は食べ物を見つけるのが二%うまく、「気をつけろ。ライオンがいるぞ」と伝えるのが三%うまかった。

専門用語を紹介すれば、このような脳の近道は「ヒューリスティックス」と呼ばれている。これは生き延びるのに必要不可決なもので、ある程度正しい答えを近道で導き出す思考回路である。仲間とやりとりをするにも、経験から学ぶにも、私たちはこれを使っている。必要なことすべてを第一原理から理解することはできないからだ。私たちがもし日が昇るたびに驚いて、日が昇ることに危険がないかどうかを確認するために、最も信頼性が高い確認の方法と言われているランダム化比較試験の認知版をいちいち大がかりに実施しなければならないなら、私たちは種として、どこへもたどり着けないだろう。日が昇るのを何度か見たら脳が慣れてきて、「ああ、そうだね。日は昇るものだ」となるのは道理にかなっている。同じように、「湖のそばの茂みから紫の実を取って食べたら腹をくだしたよ」と友達が言ったら、自分で食べて確かめてみるより信じたほうがいいだろう。

しかし、ここで問題が始まる。どんな近道にも言えることだが、脳の近道はそれが便利で役に立つのと同じくらい間違った道に通じてもいる。しかも対処すべき問題が、「紫の実を食べるべきか？」よりはるかに複雑な世界では、近道を使ったさいの間違いよりもはるかに悲惨な結果となる。はっきり言って、脳はどうしようもなくまぬけなのだ。もちろん私の脳も、皆さんの脳もである。

私たちの脳にはパターンを見いだす能力がある。これには問題があって、脳はパターンを見いだすことに夢中になりすぎて、いたるところにパターンを見いだし始め、パターンなどないところにまで見いだしてしまうのだ。夜空の星を指さして、「ほら見てごらん。あれはラマを追いかけているキツネだよ」と言っている分にはたいした問題ではない。だが見いだした想像上のパターンが、「おおかたの犯罪はあの民族のしわざだ」となってくると、それは……ゆゆしき問題となる。

このように誤判断でパターンを発見してしまう現象を指す心理学の専門用語は山ほどあって、「錯誤相関」とか、「クラスター錯覚」とか呼ばれている。第二次世界大戦中、ドイツ軍のＶ１とＶ２ミサイルはただでさえ恐れられた新兵器だったが、ロンドンっ子の多くはクラスター状に、つまり建物が密集している特定の地域に狙いを定めて落とされていると信じ始めた。このため、ロンドンっ子たちは安全地帯と思われる場所に逃げ、爆撃されない地域にはドイツのスパイが住んでいると疑った。このことを深刻に受けとめたイギリス政府は、真偽を確かめるべく統計学者のＲ・Ｄ・クラークを雇ったほどだった。

結論はどうだったかと言えば、建物が密集していると思い込んでいた地域は私たちが脳にだまされていただけで、パターンのないところにパターンを見いだしてしまう錯覚の産物だった。結局のところ、ドイツ軍はそこまでめざましい誘導ミサイル技術の突破口を見いだしていなかったし、爆撃をまぬかれたロンドン中心部のクラーケンウェルは、ドイツ国防軍の密偵の巣窟ではなかった。アリジゴクと呼ばれた無人飛行機型の爆弾は、ロンドン市のどこにでも落とされていた。人々がパターンを見いだしたのは、ただ単に脳がパターンを見いだすようにできているからだ。

資格や技能が備わった専門職の人たちでも、こうした幻想に陥ることがある。たとえば大勢の医療従事者が、そろいもそろって満月の夜はかならず救急病棟が大忙しになって患者が押し寄せるとか、奇怪な怪我をするとか、常軌を逸したふるまいをするとか、確信を持って真顔で言う。これがおかしいとわかるのは研究者たちがこのことを調べているからで、少なくとも、これは正しくないと言える。月の相と救急病棟の忙しさには何のつながりもない。それなのに、能力も経験もある専門職の人たちが関連はあると言い切る。

なぜかって？　何もないところに思い込みは生じない。何世紀にもわたたって、月が人の心を狂わせるという考えは続いていた。ラテン語の月（ルナ）は英語の狂気（ルナシー）の語源になっているくらいである。だから、オオカミ人間の神話が生まれた。また、月の相と女性の月経の周期に相関性があるという考えともかかわってくるかもしれない。つまり、これはいっときは実際に本当だったかもしれない！　人工的な明かりが発明される前に、月明かりが人々の暮らしにおよぼしていた影響は大きい。街灯がつくようになる前はとくにそうだ。ある理論によると、満月の晩には戸外で寝ているホームレスの目が冴えてしまうから、もともとあったメンタルな持病が、睡眠不足のせいで悪化するというのだ。私自身はビールがらみの理論が好きだから、こんな考えを思いついた。夜道が明るい満月の晩には帰り道で迷子になったり、強盗に遭ったり、蹴つまずいたり、どぶに落ちてくたばったりする心配がそうないから、誰もがしこたま呑むかもしれない。

何が根拠になっているにしても、満月が人を狂わせるという考えは、長い間、文化に根づいていた考えだ。そして、その考えを一度でも耳にしたら、つねにそのことが頭にとどまり、そのことが起こっていなかった長い時期をすっかり忘れてしまいがちになる。あえて意図しなくても、脳が無作為な事象から、ありもしないパターンを見いだしてしまうからだ。

強調しておくが、私たちの脳が使う頭の近道のせいで、こうしたことが起こるのだ。二つのおもな近道は、最初に示された事柄に大きく印象づけられてしまう「アンカリング・ヒューリスティック」と、取り出しやすい記憶情報を優先的に頼って判断してしまう「利用可能性ヒューリスティック」であり、どちらも果てしなく厄介ごとを引き起こす。

「アンカリング」とは、何かを決断をするとき、とりわけ情報が何もないときに、耳にした最初の情報から多大な影響を受けるということだ。たとえば、くわしい情報にもとづく判断材料がなさそうな状況で、何かにどれだけ費用がかかるかを見積もるように頼まれたと想像してほしい。では、家の写真を見せられたとしよう。家の写真のほかに何も情報がなければ、ただ家の外観を見て、どんなに立派であるかをざっくりと知り、まったくの当てずっぽうでものを言うしかない。だが、先に何らかの数値が示されたならば、あなたの推量は大きく歪むかもしれない。たとえば、「家の価値は四〇万ポンド〔約六〇〇〇万円〕以上なのか、以下なのか？」のような問いかけで、事前に数値が投げかけられた場合、この質問は実際には役立つ情報を何も与えていないことに気づくのは重要である。これはたとえば、その地域のほかの家々が最近いくらで売られたかを告げられるのとは異なる。それでも六〇万ポンド〔約九〇〇〇万円〕という数字を見せられた人々は、二〇万ポンド〔約三〇〇〇万円〕と提示された人より家の価値を平均的にずっと高く見積もることになる。先の問いかけは何の情報も与えていないにもかかわらず、アンカーとなる数値を与えられたことが判断に影響をおよぼしてしまうのだ。脳はアンカーを推測のヒントとなる判断材料とみなし、その時点から調整するからである。

私たちはほとんどばかばかしいくらいこうした影響を受けている。私たちがアンカーとして使っている情報は無作為に生成された数字と同じで、明らかに役に立たないものかもしれない。にもかかわらず、脳はそれにこだわり、判断を歪ませてしまうのだ。これは率直にいって、憂慮すべきことだ。ダニエル・カーネマンの『ファスト&スロー――あなたの意思はどのように決まるか?』〔早川書房〕は、二〇〇六年にドイツで行われた実験を例として取り上げている。まずは経験豊富なベテラン裁判官たちに、万引きで有罪となった女性の調書を見せ、その後、サイコロを振ってもらった。裁判官たちには知らされていなかったが、そのサイコロには重りがついていて「3」か「9」の目しか出ないよう細工されていた。そして、裁判官に女性の刑期はサイコロで出た目の数より長くすべきか短くすべきかという質問に答えてもらってから、最後に女性に申し渡すべき適切な刑期を答えてもらった。

結果はお察しのとおりだ。サイコロで「9」を出した裁判官は、「3」を出した裁判官より長い刑期を課した。サイコロを振ったことで、平均して、この女性が刑務所で三ヶ月多く過ごすかどうかが決まってしまったのだ。これでは具合が悪いではないか。

にもかかわらず、私たちは入手可能な情報をすべて照らし合わせてじっくり考えない。「利用可能性ヒューリスティック」は、真っ先に頭に入ってきた情報が何であれ、それにもとづいて決断をくださせる。また、私たちが世界をどう見るかは、最新の出来事や、とくに心を動かされたことや、印象深い思い出に大きく影響を受ける。一方でこれよりずっと的確に日ごろの真実を代表しているはずの古くてありきたりの事柄は、なんというか……色褪せてしまうのだ。

したがって、身の毛もよだつ凶悪犯罪のニュースを聞けば、犯罪率が実際より高いように思えるし、逆に「犯罪率は減少しています」といった無味乾燥なニュースは、強烈な印象を残すまでにはならない。自動車事故より飛行機事故を怖がる人が多いのはこうした理由からだ。自動車事故はありきたりで、スリルのあるようなことでもないが、飛行機事故はめったになくて壮絶だからである。そして、ことテロリズムとなると、人々も政治家も色めきだって即座の反応をするのに、もっと悲惨だが平凡な生命への脅威は顧みることもない。アメリカでは、二〇〇七年から二〇一七年にかけて、テロよりはるかに大勢の人々が芝刈り機で命を落としている。しかしだからといって、アメリカ政府はいまだ芝刈り機との戦争に乗り出してはいない。それでも率直に言って、昨今のアメリカの状況を見るに、そうならないとは言いがたいが。

「アンカリング・ヒューリスティック」と「利用可能性ヒューリスティック」は、どちらも一緒に作用することで、危機一発のときの判断や、比較的どうでもいい日常のこまごまとした判断をくだすのに実に役に立ってくれている。だが、現代の世界の複雑さをぜんぶ考えあわせた確かな情報にもとづいて決断をくだしたいなら、「ヒューリスティック」はちょっとした悪夢になりかねない。真っ先に耳にしたことや、頭にぱっと入ってきたことがどんなことであっても、脳はつねに楽で快適な領域であるコンフォートゾーンへと戻りたがるのだから。

　これはまた、私たちがリスクを判断し、数多くの可能な選択肢のなかでどれが最も破滅につながりにくいかを正確に予測したりすることが、苦手な理由でもある。実際、何らかの危険を判断の助けにするのに、私たちの脳には二つの別々の体系がある。素早くて本能的なものと、時間をかけてじっくりと考え抜かれたものである。この二つが対立したときに問題が始まる。「あらゆるデータを分析した結果、どうやら選択肢1は最もリスクが高い」と脳の一部が冷静沈着に伝えているとき、脳の別の部分が「それはそうだけど、それでも選択肢2のほうが怖そうだ」と声高に叫んでいる。

　怖そうだ、と思うかもしれないが、私たちはさすがにそこまで愚かではない。むりやりにでも脳をコンフォートゾーンから引っ張り出せるはずだ。本能の声は無視し、良識ある声を増幅させて、状況を客観的に見ることができるにちがいない。だが、あいにくその考えは確証バイアスを考慮に入れていない。確証バイアスとは、何かを検証するときに都合のいい証拠だけを集めてしまう思考回路である。

　本書の下調べに取りかかる前、私は確証バイアスこそが大問題だと考えた。そしてそれ以来、読んだ情報はことごとく、私の考えは正しかったと裏づけている。これぞまさしくこの問題なのである。脳は自分が間違っていると気づくことが心底嫌いである。確証バイアスはやっかいな習性で、誘導ミサイルのように、すでに信じている考えの裏づけとなる証拠の切れはしに照準を定め、これよりはるかに分厚い証拠の束が私たちは完全に誤ったほうへ導かれているかもしれないと示唆していても、平然と無視をする。控えめに言っても、なぜ私たちがおおかた自分の政治的な展望に合致した情報媒体のニュースを好むのかが、このことからうかがえる。これより極端な例を挙げるなら、陰謀論者とどんなに議論したところで確信をくつがえせないのも同じ理由から来ている。私たちは自分版の現実を裏づける出来事を選り好みして、それ以外には見向きもしないのだ。

繰り返すが、確証バイアスはそれなりにとても役に立ってくれるものだ。世界は複雑で混沌としたものだから、パワーポイントを使ったシンプルなプレゼンのように、わかりやすい箇条書きで法則を明かしてくれることはないからである。現実世界に「これはこういうものだろう」と心に浮かべるメンタルモデルを見いだすことは、それがどんなものでも、役立たない情報は切り捨て、これという手がかりに焦点を当てることを意味する。どの情報が注目に値するかを割りだすことは、ものごとを認知するうえでリスクのある賭けである。

さらにまずいことに、しくじるかもしれないという考えに対する脳の抵抗はいっそう大きい。いったん私たちが何かを心に決め、実行に移し、実際に事態がひどくおかしくなり始めたとわかったら、せめて決心をくつがえすのがうまくなると思うだろう。ところがどっこい、そうはならない。「選択支持のバイアス」と呼ばれるものがあって、いったん私たちが一連の行為をすると決めたら、海に落ちた船乗りが溺《おぼ》れながらも板っきれにしがみつくのと同じで、それは正しい選択だったという考えにしがみつくのである。なぜ、どのようにその選択をしたのか、という記憶をなぞってでも決意をあと押しする。これがあるために、このバイアスのマイルド版では、新しい靴を買ったあとで靴ずれがつらくて片足を引きずって歩くはめになっても、「ねえ、この靴を履いた私、タフでセクシーに見えるでしょ？」と皆に言う。ストロング版では、国政の何もかもが最悪の状況になっているのが日を追うごとに明らかになっているときにでも、国を代表する大臣たちが「交渉はまことにうまくいっている」だとか、「前向きな進展があった」だとか、かたくなに言い張る。もう選択はなされたのだから、選択は正しかったに決まっているではないか、なぜなら選択をしたからだ、というわけだ。

状況によっては、それは誤りだと伝える行為そのものが、おのれの誤りをもっとかたくなに信じさせるというデータさえある。なぜ間違いなのかをはっきりとした証拠とともに忍耐強く伝えても、どこ吹く風だ。それどころか対立だと思えることに直面すると、もっと信念をかため、もっとかたくなに信念を守るものだ。したがって、わざわざフェイスブックにいる頑固なおじさんと言い争ったり、ジャーナリストを志したりしても、骨折り損にしかならない。よけい気落ちするだけだし、しまいには皆を激怒させかねない。

何も人間は分別のある思慮深い決断をけっしてできないと言っているのではない。むろん、できるとも。現にあなたは本書を選んだではないか。そのような良い選択をするのは容易ではない。私たちの脳は良い選択を妨げるものを目いっぱい置いておきながら、それがつねに助けになっていると思い込んでいるからである。

当然のことだが、自分で決めるのがうまくないからといって、皆で決めれば、もっとひどい目に遭いかねない。私たちは社会的な動物であるから、何があっても集団内で浮いたやつだと感じたくない。したがって、内心では「それはおかしい」と思っていても、ほかの人たちに合わせることがよくある。

そういう理由で、集団思考が発生する。集団内で幅をきかせている意見に皆が呑まれているとき、異論は撥《は》ねつけられるか、声にあがることもない。そんなときに「ほんとうにそうでしょうか」などと話に水を差して和を乱すやつにはなるなよ、という社会的な圧力のなせるわざである。これはまた、私たちがろくに自分の頭で考えもしないで、その場で優勢な意見にやみくもに乗っかる理由でもある。ほかの人たちがしていること、信じていることを知ると、自分だけ浮いてしまわないように、それに合わせたくなるのだ。子どものころ、お母さんにこう言われなかっただろうか。「それなら、ほかの子たちが橋から飛び降りたら、あなたもそうするの?」本音で答えるなら、「たぶん、そうすると思う」だ。

そして、最後にこのことがある。私たちは自分をすごいと思っている。実際はすごくないのに相当にすごいどころか、最高にすごい。自信過剰と呼んでもいいし、思い上がった生意気なやつ、高慢ちきなうぬぼれ屋と呼んでもいい。少しあんぽんたんだとさえ言える。研究によると、私たちは自分の能力をやたらと買いかぶっている。ちなみに、生徒たちに学期末の成績を予想させてみると、圧倒的多数が自分を上位二割以内に置いている。「たぶん並み以下でしょうね」と思う学生はほとんどいない。最もよくあるのは、上位一割には入らないが二割には入るだろうという答えだ。ちょうど安いほうから二番目のグラスワインを注文する者のうぬぼれ屋版のようである。

認知の問題として、ダニング＝クルーガー効果《エフェクト》はよく知られている。これは七〇年代のプログレッシブ・ロックのいかしたバンド名のような響きがあるだけではなく、本書の守護聖人であるかもしれない。心理学者のデイヴィッド・ダニングとジャスティン・クルーガーの最初の論文「能力の低い者は自分の無能さを認識できず、自分を実際よりも買いかぶる(ひいては自信に満ちて見える)」は、誰もが実生活でよくわかっていることを証明してくれている。実際に特定分野で能力が高い人は、その分野での自分の能力に謙虚になる傾向にある。一方で、その分野で何の能力も才能もない人ほど、自分の能力をむやみに高く評価する。私たちは何かが下手であることを認識できないし、認識できていないことがよくわからない。したがって、大きく転びそうでも、まごつきながらそのまま突き進んでいったり、自信満々でいられたり、のほほんとお気楽でいられたりする。本書がこれから示すように、私たちの脳がしでかすあらゆる失敗のなかで、自信と楽観は最大のリスクかもしれない。

こうした認知上のヘマが社会の形態のほかの事柄の上に積み重なっていくと、同種の失敗を何度も繰り返すことになる。これからいくつか例を挙げるので、本書の道しるべのように思っていただきたい。

まず初めに、私たちは世界を理解し、そこにパターンを見いだしたい欲望があるために、世界がまったくそのように機能していなくても、「世界はこのように機能している」と思い込むことに多大な時間を費やしている。これは自分だけのちょっとした迷信から、でたらめの科学理論まであらゆる事象に当てはまる。だから、私たちはプロパガンダやフェイクニュースにころりとだまされるのだ。本当のお楽しみは、誰かがとてつもなく大勢に「世界はこう機能しているという持論は正しい」と信じ込ませるときに始まる。これが宗教やイデオロギーなどの思想であり、そうしたものは人類の歴史全体を通してとびきり私たちを楽しませてくれることを証明してきた。

人類はまた、リスクを査定し、前もって計画を立てることが実に苦手である。これは予測の技術が悪名高いくらいむずかしいからでもある。ことに気象や金融市場や人間社会など、高度に複雑な体系について予測しようとする場合はとりわけむずかしい。だがこれはまた、一度は喜ばしい未来を何らかの形で（ありがちなのは既存の信念と一致するから）思い描いたからでもあり、私たちは対立する証拠は悪びれずに無視し、あなたは間違っているかもしれないと伝えようとする人の言うことを聞こうとはしない。

計画を立てるさいに、この種の甘さが入り込む最強の動機の一つは、むろん欲である。手っ取り早く大儲けできる見込みそのものが、人々のどんな分別をも失わせることを保証している。このことから、得られるものへの誘惑があまりにも強いとき、人はそうするのが妥当かどうかを問うのが並はずれて苦手なことがわかる。ときには空想上の一攫千金《いっかくせんきん》を夢見て、人類は山を越え、谷を越え、海を渡るだけでなく、どんな道徳も作法も喜んで投げうつものだ。

また、欲と利己性のせいで、これとは別の過ちに陥る。これはよくあることで、私たちは自分の集団に利益をもたらしたいために、皆のものを皆で台なしにしてしまうのだ。社会科学では、こうした失敗を「社会的な罠《わな》」だとか、「共有地の悲劇」と呼んでいる。一つの小集団が自分たちだけで一切合切をするとき、短期的には何の問題も起こらなくても、もっと大勢で何かをするときに、長期的には事態が恐ろしく間違ったほうへ転びがちである。これは、共有資源を搾取《さくしゅ》しすぎてだめにすることを意味している。たとえば、ある海域で魚を獲りすぎれば、魚はそうそう湧いてはこない。このことにかかわる経済の概念があって、「負の外部性」と呼ばれている。基本的にどんな考えかといえば、双方に利のある取引であっても、取引にかかわってもいない誰かがどこかで割を食うということだ。昔ながらの有名な例は公害である。あなたが工場の製品を買っているなら、あなたにも製造業者にも利のある話だが、工場が有毒廃棄物を垂れ流している下流の住人はたまったものではない。

こうした過ちが、人類のおびただしい数の失敗の背景にある。資本主義から共同生産の体制に至るまで、気候変動のような規模の大きい問題からレストランの飲食代の割り勘などのちょっとしたことまでかかわってくる。分担を少なく見積もるのは良くないと誰もがわかっていながら、皆がそうしているなら、そうしないことで損をしたくない。だから、こう言って肩をすくめるのだ。「知ったこっちゃない」

よくあるもう一つの過ちは先入観からくる偏見だ。私たちは世界を「私たち」と「彼ら」に分ける癖があり、このせいで「彼ら」がどんな人物であっても、「彼ら」の悪い噂は、どんな最悪のものでも鵜呑《うの》みにする。このとき、ありとあらゆる認知バイアスが一緒になって、偏屈者のうたげが開かれる。存在するかどうかもわからないパターンで世界を分け、最初に心に飛び込んできた情報をもとに判断をくだし、自分の信念の裏づけとなる証拠を選り好みする。必死になって集団に合わせる努力をして、ろくな根拠もないのに、その考えの優位性を自信たっぷりに信じるのだ。

こうしたことは本書のなかで、さまざまに示されている。本書の主題は人類の失敗の歴史であるが、いくつかの例外をのぞいて、事実上、男性による失敗の歴史であり、しかも、そのほとんどが白人男性である。多くの場合、白人男性だけが失敗できる機会にあずかってきたからだ。白人の爺さんのすることばかりに注目するのは、歴史書としてあるまじきことだが、この主題に限ってはおそらくふさわしいだろう。

最後になるが、大衆と同じことをしたい欲望があるということは、そのときどきの流行《はや》りものや、いっときのブーム、大勢が一斉に心を奪われているものなど、あらゆる種類のことに夢中になりやすいということだ。こうしたことは、社会現象となる熱に浮かされた情熱であり、そのためにやすやすと理性を放り投げてしまう。これはいろいろな形を取る。ときには純粋に身体を通じてあらわれるかもしれない。中世で約四世紀ものあいだ、おりにふれてヨーロッパじゅうを駆けめぐった得体のしれないダンスへの熱狂がそうだ。突如として踊らずにはいられなくなり、死に至ることもあった。これには何十万人もが感染した。

金絡みの熱狂もある。一儲けしてやろうという思いと、大衆と同じことを自分もしたくてたまらなくなる衝動があいまって、そのときどきに出まわる一攫千金の話を信じるからだ。たとえば、一七二〇年のロンドンで南海会社への空前絶後の投機ブームが巻き起こった。あこぎな連中の会社が、「ある会社が莫大な利益の出る事業をいたしますが、内容はお伝えできかねます」という株を売りつけたからだ。金融バブルはこんなふうにして、きっとこれくらいだろうと思われている価値が、現実の価値をしのいでいるときに起こる。人々がわれもわれもと投資し始めるのは、かならずしもそのものに価値を見いだしているからではない。ただ単に一定数以上の人たちがそれに価値があると思っているかぎり、まだまだ儲けを出せるからである。もちろん、いつかそのうちバブルがはじけ、大勢が大金をすり、ときには経済がまるごと破綻するのである。

大衆パニックの熱狂もある。これは恐怖をあおりたてる噂を元にしていることがよくある。だから魔女狩りは、歴史上のいつかの時点で世界中のどの文化でも起こった。ヨーロッパで巻きおこった魔女狩りへの熱狂は、一六世紀から一八世紀まで続き、この間に約五万人もが殺された。

ここに挙げたのは、人類の文明の歴史を通じて、うんざりするほど多発した過ちのほんのわずかな例である。しかし言うまでもないが、私たちは本腰を入れてしくじり始める前に、まずは文明を築く必要があった。

歴史上、最も奇妙な五つの集団ヒステリー

止められないダンス

一四世紀から一七世紀にかけて、止めることのできない摩訶《まか》不思議なダンスがヨーロッパ各地を襲う現象が起こった。大勢を巻き込んで何千人もが踊り狂うこともあった。理由はいまだにわかっていない。

井戸に入れられた毒

同じころ、井戸に毒を入れられたというデマに端を発し、集団パニックが発生することがよくあった。たいていはユダヤ人のせいにされた。これが大きな暴動に発展することもあり、ユダヤ人の家々が焼き尽くされた。

ペニス泥棒

邪悪な勢力が男性のペニスを奪ったり、縮めたりするというパニックは世界中で起こっている。中世ヨーロッパでは魔女が、アジアでは毒入りの食べ物が、そしてアフリカでは魔術師が非難の的になった。

伝染する笑いの発作

一九六〇年からアフリカ各地の学校で、笑いが止まらなくなる発作が起こった。一九六二年にタンザニアで起こった集団的な笑いの発生は有名である。これは一年半も続き、このせいで学校は一時閉鎖を余儀なくされた。

赤狩り

反共産主義の集団ヒステリーが一九四〇年代から五〇年代にかけてのアメリカをおおいつくした。共産主義者がアメリカのいたるところに潜入しているという誇張された考えを、メディアやポピュリストの政治家たちが広めたのだ。

第2章　やみくもに環境を変化させたつけ

約一万三〇〇〇年前、古代メソポタミアの豊かな三日月地帯で、人類はそれまでとはまるきり違うやりかたをし始めた。この出来事は「ライフスタイルの変化」と呼べるかもしれない。この場合、炭水化物を控えたり、ジム通いを始めたり、ということより大きな意義があった。それまでは食物を手に入れるのに、こっちから探しにいっていたところを、食物をこっちに持ってくるという、うまい手口を思いついた。人類は作物を植え始めたのだ。

農業の始まりは、楽に昼飯にありつけるようにしただけではない。社会を大きく変え、私たちを取りまく自然界を様変わりさせた。農業を始める前、人類の集団にとって当たり前だったのは、食い物を探しもとめ、季節に応じて動きまわることだった。だが、いったん米や麦がどっさり育つようになると、つきっきりで世話をしなければならない。だから、住む場所が決まり、村ができて、あとで町ができることもあった。もちろん、ほかのこともこれにともなってくる。

言うまでもなく、農業は素晴らしい思いつきだったので、あちこちで芽を吹いた。いくつもの異なる大陸で、少なくともメソポタミア、インド、中国、中央アメリカ、南アメリカで、互いに数千年のうちに起こった。ところが、農業は実際には大躍進ではなかったと言う学派もある。事実、農業は恐ろしい過ちだったかもしれない。

基本的に、農業の起源は「富の格差」というこじゃれた概念の起源でもあった。ほかの皆より物をたくさん持っているエリートたちが出現し始め、みんなを顎《あご》で使い始めたからだ。それに、農業は戦争の起源でもあったかもしれない。というのは、村ができると隣村から襲撃される恐れが出てくるからだ。また、農業は新しい病気を人間にもたらしもする。大きくなっていく集落でまとまって暮らせば、疫病の蔓延《まんえん》にもってこいの状態になるからである。また、農業をしない社会の人々のほうが食べ物に恵まれ、働く時間も短く、健康だったかもしれないというデータもある。

ざっくり言うと、この学派の考えはこうだ。現代の世界で起こっている数々の悲惨な出来事は、元をたどれば、どこかの誰かが何千年も前に土の中に種《たね》をつっこんだせいである。かねてから農業が続いているのは、みんなの暮らしぶりを良くしたからではない。農業をする社会は農業をしない社会より、進化論的に有利だったからである。つまり、農耕社会の人々は子どもを早く多く増やすことができた。農業をすれば大勢の食いぶちをまかなえるし、しょっちゅう動きまわらなくていい生活になれば、子どもが歩けるようになるまで待たなくても、次の子どもを持てるからである。それに、もっと広い土地を自分たちのものにしたがり、数にものをいわせて、やがては非農耕社会の人々を追い払ってしまったかもしれない。「農業はひどい過ちだった」という理論を提唱するジャレド・ダイアモンドは一九八七年の「ディスカバー」誌の記事で、こんなふうに言いあらわしている。「人口を抑えるか、食料生産を増やすかの選択をせまられ、私たちは後者を選んだ。この結果が、飢餓や戦争、圧政につながった」。つまり、私たちは質より量をとった。それでこそ人類である。

だが、こうした何もかものこと……（世界のひどい状況のあちらにもこちらにもあいまいに手を振って）に加えて、農業は私たちをいっそう多くのあからさまで、とんでもないヘマをやらかす道へと進ませた。農業の夜明けは、私たちがまわりの環境を変化させ始めたときだった。つまるところ、それが農業というものである。やりたいことをもっとやりやすくするために、よそから植物をとってきては、植物が生えるつもりではなかった場所に植えつける。地形を好きに変え始める。いらないものは排除しようとする。

ともかくこれでわかったのは、私たちはこうしたことの帰結を考えるのが実に苦手だ、ということである。

今の私たちを取りまく世界は、祖先が初めて種を植えつけた一万三〇〇〇年前とは根底から違っている。農業は地形を変え、植物を大陸から大陸へと移した。都市と工業と私たちのごく普通のふるまい、つまり、いらないごみをところかまわずに捨てる性質が、土を変え、海を変え、空を変えた。「大地を怒らせたらバチが当たるぞ」のような講釈を垂れるつもりはないが、自然界は私たちの好き勝手なふるまいに耐えてばかりではない。

これは二〇世紀前半のアメリカの中央平原で起こった有名な話である。例によって、初めのうちは、何もかもがすこぶるうまくいっていた。アメリカは西部を開拓し、人々はある種のアメリカン・ドリームを生きていた。政府の政策は人々が西へと進み、大草原を開拓すれば、グレートプレーンズの土地の区画を無償でもらえるという条件で、農業を奨励した。だがあいにく二〇世紀の初めまでに、おおかたの良い土地、つまり、基本的にまともな水の供給がある区画はとっくに確保されていた。開拓者たちが乾燥した埃っぽい土地を耕すのに、そう気乗りしないのは無理もなかった。だから政府は、そうした土地の場合、二倍の土地を与えることにした。「それなら悪くない」と人々は承知した。

今から思えば、そうやって残りの土地を切り開いたことが、世界一いい考えだったとは思えないにしても、当時はこれでよしとした理由は山ほどあった。農業国の開拓者になるという郷愁に訴える昔ながらの理想があり、成長途上の国に食料を供給する実用性もあった。だがそこには、宗教すれすれの、きわめていかがわしい科学理論もあった。この理論は「鋤《すき》を手に取れば雨が降る」、つまり、土地を耕し始めるという単純な行為が雨雲を呼びよせ、砂漠を豊かで緑あふれる大地にしてくれる、というものだった。この理論のもとでは、アメリカの農業の拡大を妨げるのはただ一つ、やる気のなさしかなかった。ケヴィン・コスナーの映画のようだが、やってくるのは野球をする幽霊の代わりに穀物である。耕せばきっと雨が降る、というわけだ。

当時の人々は本気でそう信じていたのだから、理由を指摘するのはほとんど酷かもしれない。だが、農家がこの地域に引っ越したとたんになぜか雨がよく降りだしたのは、一九世紀半ばはたまたま通常より雨量が多かったからというだけである。この時期にこの理論が発展したのだが、残念ながら、雨はずっと降り続いてはくれなかった。

第一次世界大戦を迎えると俄然、農場経営は素晴らしい考えのように思われ始めた。ヨーロッパで食料生産がいきなり急停止する一方で、アメリカはその不足分をまかなう役目を負った。小麦の価格は跳ね上がって青天井になった。雨はよく降り、政府は農家が小麦を植えるために気前のいい助成金を投入し、当然ながら農家はそうした。農家はもっと草原を耕して、もっと小麦を植えた。

しかし、戦争が終わると、小麦の価格は急降下した。もしあなたが小麦農家だったら、そして、小麦からろくな儲けが出ないなら、賢いあなたには解決策はおわかりだろう。もっとたくさん小麦を植えるのだ。農家は新しい耕作機械に投資し、土地をもっと切り開いた。農家がもっと小麦をつくれば、小麦の価格はもっと下がり……以下省略。

そして、ぴたりと雨が降らなくなった。土は乾ききった。おまけに、先の干ばつのさいには表土をがっちりとかためていた草の根っこは、開拓で剝ぎ取られていたためにもうなかった。土は砂ぼこりになり、風が砂ぼこりを吹きあげて、砂ぼこりの雲がもうもうと立ちのぼった。

これがダストボウルの象徴となった恐るべき「黒い吹雪」である。昼が夜のようになり、数メートル先も見えなかった。風がやんでも、立ち込めた砂ぼこりの雲はそこにとどまって、太陽を隠してしまった。これが何日も続き、最悪の年には夏のあいだじゅう砂あらしに見舞われた。砂あらしは驚くほど広域にわたっていた。しかも、何千キロもさすらって、ワシントンDCやニューヨークなどの大都市を濃い砂のスモッグでつつみ、東海岸の沖から何百キロも離れた船を細かい粒の砂の層でべっとりとおおった。

干ばつと砂あらしは一〇年近く続いた。経済への打撃をまともに喰らい、生計が立たない何百万人もが家と土地を放棄せざるをえなくなった。その多くはもうそこへは戻らず、さらに西のカリフォルニアに大勢が移り住んだ。雨がまた降るようになっても、もう元の草原には戻らない土地もあった。

1936年、アメリカのダストボウルの時期に見られたコロラドの砂ぼこり。Getty Images: PhotoQuest

アメリカのダストボウルは、環境をみだりにいじったせいで、思いもよらない災難がふりかかった有名な例である。だが大河の流れを大幅に変えるという大規模なことから極小のプラスチックの粒まで、森林の破壊から川にあるまじきことが起こることまで、こうした例は枚挙にいとまがない。

カスピ海東のアラル海を例に取ろう。だが、さっと通りすぎるだけだ。もう取れるものはたいして残ってないのだから。

アラル海は「海」という名前がついているのに、実は海ではない。海水で満たされた湖で、とにかく巨大である。広さは六八〇〇〇平方キロ以上あり、世界最大級の湖の一つである。というか、少なくとも昔はそうだった。何が問題かというと、今はそれほど大きくないことだ。

多少の変動はあるが、約六八〇平方キロしかない。かつてはアイルランドほどの大きさを誇っていたのに、今ではもとの一〇分の一〔せいぜい琵琶湖くらい〕になり、八〇%以上の水を失った。もう昔のような一まとまりの大きな湖ではない。大まかに言って四つに分かれた小さい湖である。「大まかに」と言ったのは、湖の一つはあとかたもなく消えてしまうかもしれないからだ。アラル海に残されたものは死に絶えている。生命のない幽霊となった湖のまわりを、遠い昔に置き去りにされたまま錆びて朽ちた船の残骸がとりかこんでいる。そこは今では水際から何キロも離れた場所である。

ここで疑問が生じてくる。どんな事情で海がまるごと一つなくなったのだろう（あ、海ではなくて、大きな湖まるごと一つ）。

簡単な答えは、砂漠で綿を育てるという実に頭の良い思いつきのせいで、それまでアラル海に流れ込んでいた二つの大河の流れを変えたからだ。これは一九六〇年代からソ連当局がしてきたことだ。ソ連はどうにかして綿をもっとつくりたかった。それで、ウズベキスタンのアムダリヤ川と、カザフスタンのシルダリヤ川の流れをそらすという大がかりな計画に乗りだした。うまくいけばキジルクム砂漠のからからに干からびた平地を、綿だけの農場に変えられて、ソ連の綿の需要をまかなえるはずだった。しかし、これはきわめて無駄が多いものだった。砂漠は乾ききっていて水を吸い込むばかりなので、せっかくそらした川の水は、最大で七五％が農場に届きもしなかった。それどころか、綿にかけた枯葉剤が災いして、赤ん坊の死亡や先天異常率が急激に跳ね上がった。それでも、公正を期して言うなら、トルクメニスタン、カザフスタン、ウズベキスタンの候補地に水を引く計画は、そこだけをとってみればうまくいっていた。

これが中央アジアの駆け出しの綿産業にとってそれなりにいい話だったとき、アラル海とその周辺の人たちには取り返しのつかない大打撃だった。湖に流れ込んでいる水を止めたら、湖はたちまちしぼんでしまうのに、誰の目にも、そのことは起こっていないかのようだった。そうでなければ、気にかける者は誰ひとりとしていなかった。

一九六〇年代からにわかに、八〇年代後半から現在にかけては急速な勢いで、アラル海は縮小し始めた。もともと雨から来ていた水の量は全体の約五分の一だけで、残りは川から来ていた。それが事実上なくなったら、蒸発で失われた分を埋めるだけの水はなかった。水位は下がり始め、湖底から島や陸地が顔をのぞかせ始めた。世紀の変わり目までに湖は二つに分かれ、北の小さいものと南の大きいものになり、その間に巨大な島ができていた。水位は下がり続け、島は大きくなり続けた。しまいには細長い水域が、南の湖の東半分と西半分をかろうじてつなぐだけになった。次第にこの二つも分かれ、二〇一四年の夏の衛星写真でわかったのは、東側がすっかり干上がっていたことだ。そこは砂漠になっていた。東の湖はそのときの天候次第で、戻ったりなくなったりしている。

これだけでも過酷なのに、湖がなくなったときに水中のものが全部なくなった……わけではなかった。塩である。アラル海の水がじりじりと退いていたとき、塩だけはたまり続けていた。湖水の塩分は濃くなるばかりで、生物が命をつなぐのはますます難しくなっていった。塩の濃度は一〇倍に跳ね上がり、事実上、湖のあらゆる生物の命が奪われた。漁業は六万人もの生活の糧だったのに、盛んだった漁業はだめになってしまった。それだけではない。工業と農業から湖に垂れ流された汚染物質がさらに濃くなって、水域が後退したことで顔を出し始めた陸の表面にたまっていった。砂漠は乾いていて吹きさらしなので、新しくできた陸から何トンもの有毒なちりと塩を風がさらい、かつての湖をかこんでいる村や町まで運んでいった。そこには何百万人もが住んでいたから、呼吸器系の病気や癌が急増した。

かならずしもアラル海の全域ではないが、川の流れを元に戻そうとする最近の（並はずれて値の張る）努力の甲斐《かい》あって、北の小さな海は少し改善してきた。漁業資源の魚も次第に戻ってきた。それでも、南の海はもうかなりお手上げだ。だがここがあることで、私たちのおつむの程度はどれだけのものかを思い知らされる。これは自然から何のしっぺ返しも食らうことなく、たやすく地形を大幅に変えられると考えたつけだ。

おかしなことに、こうしたことがこの二つの川の一つに起こったのは今回が初めてではない。「一番しつこく流れをそらされた川」の世界記録があるかどうか知らないが、もしあったとしたら、アムダリヤ川は候補ナンバーワンである。何世紀にもわたって、大自然と連綿たる人間の政権の両方の介入により、この川は何度、流れをそらされたことか。あるときはアラル海へ、またあるときはカスピ海へと流されてはまた戻ったり、ときにはその両方へ流れたりした。文献によると、西暦二世紀には砂漠に流れていて、水は蒸発していた。そのあとでアラル海へと流れを変えた。一三世紀初頭にはモンゴル帝国による大胆な介入で、流れを変えられて（のちの章に詳しい）、少なくとも川の一部はカスピ海へと流された。そして一六〇〇年までのいつかの時点で、またアラル海へと戻った。一八七〇年代、つまりソ連ができるずっと前に、ロシア帝国はこの川の流れをカスピ海に戻そうと本気で考えていた。その理由はなんと、せっかくの生水がしょっぱい湖なんかに流れていくのはもったいないと思ったから。ものごとは……そういうものではないだろうに。

初めに環境をがらりと変える方向へと私たちを導いたのは農業だった。これには思いもよらない報いを受けることがよくあった。だが、私たちが環境を変える方法はもはや農業だけではなかった。農業にも増して工業の始まりが、そして後先をろくに考えないで、いらないものをポイ捨てにする人類の抑えきれない欲望が、環境を変えるようになった。

その帰結の一例は、一九六九年の気持ちのいい夏の日のお昼前に、カヤホガ川が炎上したことだ。

誤解なきように言っておくが、川はそんなつもりではなかった。一般的に川がどういうものか、まだよくおわかりでない読者のために言っておくと、川とは中くらいから大きめの天然の水路で、水はとりたてて燃えやすいものとはみなされていない。川はたくさんすることがあって、高地から低地まで水を運ぶこともあれば、時が刻々と過ぎてゆく隠喩にもなる。また、三日月湖を形づくるので、子どもたちは少なくとも地理の授業で何がしかを学ぶことができる。だがいきなり炎上するのは、まったくもって川のすることではない。

それなのに、カヤホガ川は炎上した。しかも、炎上は初めてではなかった。とんでもない。カヤホガ川は工業が盛んなオハイオ州北部を通って曲がりくねり、クリーヴランドの町を二つに分けてアメリカ五大湖のひとつエリー湖になだれ込んでいる。そして、一九世紀のクリーヴランド市長の表現では、これは「街の中心を貫くどぶ川」だった。実際、カヤホガ川は汚染されていた。それまでの一〇一年間で炎上は一三回以上。一八六八年、一八八三年、一八八七年、一九一二年、一九二二年、一九三〇年に炎上した。一九一二年のものは爆発のせいで五人が死亡した。一九三六年の火災はとりわけひどく、五日間にわたって猛威をふるった。こんなことを何度も繰り返すのは、昔ながらの川のふるまいかたではない。一九四一年と一九四八年にまたしても炎上し、一九五二年には最も救いがたく炎上した。水面をおおう五センチもの分厚い油膜に火がついて、ものものしい大火災を招いた。これが橋を壊し、造船所を壊し、一五〇〇万ドルは下らない打撃をもたらした。

一九五二年の炎上とくらべたら、一九六九年の火災は比較的小ぶりだった。これは川にぷかぷか浮いて漂うごみの塊が発火して起こった。具体的に言うと、この燃えやすいごみの塊は廃油と工業廃棄物とガラクタがくっついたものだ。これが派手なショーを演じ、炎は建物でいうと五階の高さまで達した。だがクリーヴランド消防署はこのころまでに川火事の消火のしかたを心得ていて、三〇分以内に消し止めた。住民たちも、どうやらこれにはもう慣れっこで、「またしても川が炎上」は地元の「クリーヴランド・プレーン・ディーラー」紙の三面にちょろりと五段落の記事が載っただけだった。

しかし、カヤホガ川が最後に燃えた一九六九年まで、川火事に悩まされてきたクリーヴランドの地元民たちの反応が「ああ、またか」だったとしても、国全体はそうではなかった。社会の風潮は変わっていた。結局のところ、それが六〇年代だった。「ちょっとばかり戦争を減らそうか」、「人種差別は控えめにしましょうよ」、「そこまで地球を破壊するのはやめよう」という声が口々に挙がり、新しい革命の機運が社会を芯まで揺るがしていた。

そういうわけで、何週間か後に「タイム」誌がこの火災を聞きつけ、国の川の状態について「アメリカの下水制度と楽観主義のつけ」という記事を載せた。これは記憶に残るカヤホガ川が描写されていた。「焦げ茶色で油ぎっていて水中のガスで泡立っている。流れるというより……ごみだらけの泥水をじわじわとエリー湖に押し流しているどぶ川」である。「タイム」の記事は国全体の注目を集め、方々から改善を求める声があがった。それはおもに、この記事に添えられた写真のおかげである。一隻の船が燃えさかる川の炎にすっかり呑まれていて、消防隊員たちが必死の消火活動をしている。実際には、迫力のあるこの写真は一九六九年の炎上のものではなく、一九五二年の火災のときの記録写

1952年の「タイム」誌の写真。オハイオ州クリーヴランドで、一隻の船がカヤホガ川の炎に呑みこまれている。Getty Images: Bettmann

真だった。一九六九年の炎上はただちに消し止められたので、カメラやビデオを携えた記者たちは間に合わなかった。写真の一九五二年のときは国民の想像力をかきたてなかったのに、今回は大当たりだった。ときにはタイミングがすべてなのである。

一八〇〇年代以来、オハイオ州の工場は、何もかもカヤホガ川に捨てていた。工場から出るものは副産物でも生産物でも明るく楽しく垂れ流し、悪びれることもなかった。このことで、日ごろからメディアや政治家や庶民の間で、「この件で何か手をうつべきだろうか？」という声が口々に挙がっていた。そして、誰ひとり何もしなかった。戦争のあとで、おざなりの策はいくつか講じられたが、たいてい関心の的となったのは、すみやかな海上輸送のために川の安全を確保することで、本質的に川を燃えにくくすることではなかった。

だとしても、カヤホガ川が人災による環境破壊の国家的象徴になったのは、ちょっとばかり理不尽だったかもしれない。というのも、クリーヴランド市は重い腰を上げ、川を浄化する法律を火災の前年に可決させたのだから。なのに、国を代表する水路が汚い州の広告塔になった（おまけにそれをコケにする歌までつくられた）。この事実に、少なからぬ地元の役人が気を悪くした。「もう問題の解決に取りかかっていたのに、そんなときに火災が起こったのだ」と役人のひとりはがっくりと肩を落とした。

ともかく、当時、アメリカで炎上した川は、カヤホガ川だけではなかった。一九六八年、つまり、カヤホガ川の前年にはテキサス州のバッファロー川が、そして数ヶ月後の一九六九年一〇月には、ミシガン州のルージュ川が炎上した。このあとで、地元の「デトロイト・フリー・プレス」紙は、「燃える川があるなんて、何かがおかしい！」と嘆きの声をあげた。シカゴ川は一九世紀の何度もの大火災を経て、地元民はこぞって川べりに繰り出し、独立記念日の打ち上げ花火か何かのように見物したものだ。だから、アメリカで何度も炎上した川はカヤホガ川だけではないが、それでも、「一番しつこく燃えた川」賞の北米部門を受賞することは間違いない。

だが、燃える川が話題に上ったことには意義があった。これが国の取り組みに拍車をかけた。まだ初期の段階にあった環境保護活動を、レイチェル・カーソンの一九六二年の『沈黙の春』のような本が力づけ、一つにまとまり始めた。地球や環境を考える地球の日、アースデイはこの翌年に始まった。議会は問題に対処せざるをえなくなり、一九七二年には水質浄化法を可決させた。次第にアメリカの水路の状態は、めったに炎上しないほどまでに改善した。本書でハッピーエンドになった例は珍しいが、人々は実際に環境を良くするために必要なことをしたのだ。それに、まさかトランプ政権が水質浄化の規制を取っ払おうとするわけがないだろう。産業界がまだ川を汚し足りていないとご不満ならともかく……と思ったら、トランプ政権は本当にそうしたようである。

海の爆発炎上は、これよりもっと心を揺さぶられる例かもしれない。人類は自分たちを取りまく自然界に目をつけては、かならずやだめにしてしまう才能がある。それだけではない。世界に目を向けてみると、私たちが行く先々はどこでも、片っぱしから環境を台なしにしてしまう例に満ちている。メキシコ湾に広大なデッドゾーンがあるのをご存じだろうか。それはほぼ壊滅状態の巨大な雲状の「死の海域」で、アメリカ南部の農場から流れ出る肥料のせいで、そこから藻が大発生して広がっている。生い茂った藻が水中の酸素を奪いつくし、藻でない生物の息の根を止めてしまうのだ。人類よ、でかしたぞ！

これに関連するが、私たちは後先考えずに何でも捨てるのがいかにも好きで、捨てたものはいつかどこかに行かなければならないことなどおかまいなしである。この結果、世界中で不要になった電子廃棄物が集積する巨大なごみの荒野が生まれた。中国の広東省にある貴嶼鎮《きしょちん》は悪名高い電子製品の墓場である。五〇平方キロはある敷地に、時代遅れになったノートパソコンや昨年のスマートフォンが山積みになっている。公的には貴嶼鎮はリサイクル産業の地で、リサイクルは良い心がけだ！ところがつい最近までそこは濃い黒煙が立ち込め、燃焼するプラスチックの臭気があたり一面に漂う地上の地獄でもあった。廃棄物を塩酸で洗うと、有毒な重金属が土壌にも人体にも浸み込む。だが中国政府は過去数年でこれまで以上の健康と安全の基準を義務づけ、厳しく取り締まった。その後、「空気はとても良くなった」と住人のひとりが香港の日刊英字新聞「サウスチャイナ・モーニング・ポスト（南華早報）」に語った。「金属を焼却する臭いがするのは、かなり近寄ったときだけですから」

おそらく人類がしでかしたなかで、最も印象深いのは「太平洋ごみベルト」である。大海原の只中で渦を巻く広大なごみ溜めの眺めは圧巻で、思わず目頭がじんと熱くなるほどだ。こうしたものはすべて、私たちが何の気なしに捨てたガラクタである。その大きさはテキサス州ほど〔余裕で日本の倍以上〕もあり、産業廃棄物が北太平洋旋廻の海流に乗って、海の上を際限なくまわっている。おおかた極小のプラスチックの粒と、捨てられた漁具の微細なかけらである。そうしたものは肉眼では見えないが、海の生物にとっては深刻な現実である。科学者が最近、推定したところによると、一九五〇年代にプラスチックの広範な利用を始めて以来、プラスチックを八三億トン以上つくったとか。そのうち六三億トンを捨てた。これが今、地球の表面を行ったり来たりしているのだ。ああ、人類ってやつは。

中国の貴嶼鎮に山積みにされている電子廃棄物。Getty Images: Reportage Archive

　だが、人類がそんなつもりはないまま、自分たちの住んでいる場所をどれだけだめにしつくせるのか、痛ましい例をご覧になりたいなら、巨大な石の頭がごろごろしている島に注目するといい。

最後の一本まで木を伐採したイースター島

ヨーロッパ人が一七二二年に初めてイースター島に

上陸したとき（オランダの冒険隊は未発見の大陸を探していた。そんなものはなかったのに愚かである）、そこで目にしたものにびっくり仰天した。高さは二一メートル以上、重さは約九〇トンもあるかという巨大な石像が、絶海の小さな孤島のあちこちに立っていたからだ。現代の技術力もなければ、木が一本もないポリネシアのこの島に、いったいぜんたい、どうしてこんなものがあるのか？

ごたぶんにもれず、オランダの船乗りたちの好奇心はそう長くはもたなかった。つまり、さっそくヨーロッパ人におなじみのことをし始めた。はっきり言うと、誤解続きのやりとりのあげく大勢の地元民を撃ち殺した。続く数十年で、さらに多くのヨーロッパ人がこの島にやってきた。そして、もっぱら彼らが「発見した」ばかりの地でやりがちな定番のふるまいをした。たとえば死にいたる病気をもたらすとか、地元民をさらって奴隷にするとか、上から目線でいばりちらすとかだ。これについては、植民地についての第7章をご参照いただきたい。

続く何世紀かにわたって、白人たちは謎の石像がなぜ「未開人」しかいない島にあるのかといぶかって、奇想天外な説を山ほど思いついた。はるか遠くの大陸からはるばる海を越えてきたとか、きっと宇宙人のしわざに違いないとか。まさか非白人がつくったとは思いもつかないしろものを、いったいどうやって非白人がつくったのか。この難問に対する答えとして、宇宙人説がきわめて理にかなっていたことは言うまでもない。実際に宇宙人説は大人気だった。しかし答えは明白だろう。ポリネシア人たちがそこに置いたのだ。

ポリネシアが世界でも屈指の文明を誇っていたとき、ポリネシア人たちは、この島、現地の呼び名ではラパ・ヌイに初めてやってきた。ヴァイキングの小集団をのぞいて、ヨーロッパ人たちがまだ自分たちの裏庭から出てもいなかったころ、何千キロも海を渡って探検し、島々に住み着いたのである。

大昔のラパ・ヌイには高度な文化があった。集団間で助け合い、集約農業をしていたし、社会はタテ割りで、人々は仕事にかよっていた。「この人たちは進歩している」というときに、私たちが思い浮かべる何もかもがそこにあった。石像はポリネシア語でモアイと呼ばれ、ほかのポリネシア社会とも共通する最高峰の芸術形態だった。モアイはラパ・ヌイの社会で大事なもので、信仰と政治のどっちの理由もあった。祖先の顔の肖像をつくって崇《あが》めると同時に、これを建てた人物がどんなに偉大であるかを思い知らせる役目もしていた。

そして、一つの謎が別の謎に移り変わる。どうやって石像がそこにやってきたのかではなく、どうして木が一本もなくなってしまったのか？　どんなふうにラパ・ヌイの人たちが石像を運んだとしても、そうするには太い丸太を大量に必要としたはずである。そして、石像をそこに立てたほどすごかった文明が、どうしてこんなに冴えない社会になり果てたのか？　ほそぼそとした畑仕事で食いつなぎ、持っているカヌーはみすぼらしい。そのうえ、最初にやってきたオランダの船乗りたちを出迎えたときは、簡単にやられてしまった。

その答えはというと、ラパ・ヌイの人たちはついていなかったし、しくじりもしたということだ。

ついていなかった。というのは、島の地理も経済も森林伐採の影響をまともに受けやすかったからだ。ジャレド・ダイアモンド（「農業は私たちの最大の過ち」という理論の提唱者）は、著書『文明崩壊——滅亡と存続の命運を分けるもの』〔草思社〕でラパ・ヌイ島の人たちをまともに取り上げて、こんなことを言っている。たいていのポリネシアの島々と比べて、イースター島は乾いていて、土地が平らで、気候が寒い。しかも、ほかの島々から遠く離れた小さな孤島である。こうしたことから、切り倒した木々が自然に生え変わる見込みは少ない。

そして、しくじった。というのは、立派な家としっかりとしたカヌーの維持、そして、石像を運ぶインフラの整備を怠ったからである。片っぱしから森林を伐採しつくし、木を切り倒したら、もう代わりが生えてこないと気づきもしなかった。そして突然、一本たりともなくなった。これぞまさしく共有地の悲劇である。どんなに木を切り倒しても、誰にもこの問題に責任はなかったが、それはもう手遅れだというときがくるまでの話である。そうなってしまったら、皆の責任だ。

共有地の悲劇はラパ・ヌイの社会をうちのめした。木がないことにはカヌーがつくれなくて、遠洋の漁はできなくなった。根っこがなくなり、守られていない土は風雨にやられ、痩せこけてきた。このせいで何度も地すべりが起こって、村々はつぶれてしまった。寒い冬には暖をとるため、残り少ない草木を焚き火にしないといけなかった。

そして、事態はもっとまずくなった。乏しくなるいっぽうの資源をめぐって、集団間での争いが激化した。結局のところ、このことが惨事を招いたようである。妙なようだが、絶体絶命の状況での人々のふるまいを考えてみれば、何の不思議もない。そんなときこそ、いっそう地位を高め、やる気を振りしぼりたくなるのが人間だ。そして、ひどいヘマなど犯さなかったと自らに言い聞かせ、ひどいヘマなど犯してないよなと同意してもらいたくてたまらなくなる。あろうことか、彼らは資源の奪い合いをやめなかった。それどころか、いっそう激しく争った。つまりラパ・ヌイの人々は、これまでよりはるかに大きい石の頭をつくることに没頭したのだ。どうしてかというと……人間は直面している問題をどう解決したらいいかわからなくて苦にしているとき、往々にしてそうするものだからである。島で彫られた最後の石像は、石切り場でつくられてさえいない。いくつもの石像が道のかたわらにばたばたと倒れていた。目的地に運べないうちに、計画が全部台なしになってしまったのだ。

ポリネシア人は、私たちよりまぬけだったわけではない。野蛮でもなかったし、ましてや状況に気づいていなかったわけでもなかった。もしあなたが、いつ何どき環境災害に見舞われても不思議ではない社会が、みすみす問題をやりすごし、そもそもの問題の元となることをし続けるのはどうかしていると思われるなら……あ、ちょっとあなた、少しまわりを見まわしていただきたい。そして、エアコンの設定温度を少しだけゆるめ、リサイクルに励もうではないか。

ジャレド・ダイアモンドは『文明崩壊――滅亡と存在の命運を分けるもの』でこう問いかけた。「最後のヤシの木を切り倒したイースター島民は、その木を切りながら何と言ったのだろう?」これはなかなか手ごわい質問で、答えを導き出すのは難しい。どうせポリネシア版の「あとは野となれ山となれ」だったのだろう。

だがおそらく、もっと手ごわい問いはこうかもしれない。最後から二番目、三番目、四番目の木を切り倒したイースター島民はいったい何を思っていたのだろう? 人類の歴史にならえば、かなりのいい線で、こんなことを思っていただろうと察しがつく。「知ったこっちゃない」だ。

人類による破壊行為で失われた七つの美しい景観

パルテノン神殿

一六八七年まで、古代ギリシャの至宝の一つだった。オスマン帝国が火薬庫として使っていたときに戦争が勃発し、神殿はヴェネツィア共和国が放った幸運な大砲一発で木っ端《こ ぱ》みじんになった。

アルテミス神殿

紀元前三五六年まで古代世界の七大景観の一つだった。羊飼いのヘロストラトスという若者の放火により火災で倒壊した。注目されたいという理由からだった。

ブオンコク湖

カンボジアの首都プノンペンにある世界最大で最も美しい湖だった。だが、そこに豪華なアパートを建てることになり、湖を大量の砂で埋め立てた。今では小さな池になっている。

バーミヤンの仏像

中央アフガニスタンに全長三〇メートル以上の壮麗な石仏があった。これは「偶像」だからという理由で二〇〇一年にタリバンに爆破された。忌々しいことである。

ノームル遺跡

中米のベリーズにあるマヤ文明の遺跡で、巨大なマヤのピラミッドが二〇一三年に建築請負業者に切り崩された。近隣の道路補修のために砂利がほしかったから、という理由だった。

スリムズ川

カナダのユーコン準州にある巨大な川。二〇一六年の四日間ですっかり消滅した。気候変動の影響で上流の氷河が小さくなり、川に流れ込んでいた水がなくなったからである。

テネレの木

地上で最も孤立していた有名な木。サハラ砂漠の真ん中に孤独に立っていて、一九七三年まで周囲四〇〇キロでたった一本しかない木だったのに、酔っ払い運転のトラックになぎ倒された。

第3章　気やすく生物を移動させたしっぺ返し

農業が発展していく一方で、何千年も前の最初の農民たちは、まったく別のことをし始めた。それは奇妙で思いがけない方法で、世界を変えるものだった。人類は動物を家畜にし始めた。

最初に動物が家畜化されたのは、ほぼ確実に農業の発展より何千年も先立つ時代だった。だが、それはうまくいった計画ではなく、幸せなご縁だったのかもしれない。犬は最初に家畜になった動物で、四万年から一万五〇〇〇年前までの間のある時点で、ヨーロッパかシベリア、インドか中国、あるいはどこかほかの地で家畜になったようである（こんなに不確かなのは、犬はだいたいどんな犬とも見境いなくやってしまうので、犬のDNAが少し乱れているからだ）。こうなったのは、新しいことに前のめりで時代を先取りしていた狩猟採集民の祖先のひとりが、ある朝、目覚めたときに、「オオカミをかわいがることにするよ。とてもいい子になるから」と言ったから、などということがなかったとは言いきれないが、もっともありそうなのは、犬のほうが（少なくとも取っかかりは）自らすりよってきて家畜になったのではないか。人間は食べ物を持っていて、残り物をそこらに捨てるものだ。

それを考えると、犬の起源で最もそれらしいのは、オオカミが人間につきまとった説である。やがてオオカミは人間の生活にどんどん適応し始めた。人間はというと、人なつこいオオカミと暮らせば、狩りをしたり身を守ったりするのに役に立つと気づき始めた。それに、オオカミはモフモフしていてお利口さんだし。

だが農業が本格的に始まると、人類は試行錯誤のすえに、植物にしていることをそのまま動物にもできるかもしれないと気づき始めた。そうすることで、狩りに出かける皆の手間を省くことができた。約一万一〇〇〇年前、メソポタミアでヤギとヒツジが家畜化された。その五〇〇年後、牛が現代のトルコのあたりで、そして今ではパキスタンとなっているあたりで家畜化された。豚も二度、家畜化された。九〇〇〇年くらい前に中国で、そしてまたトルコで。馬はユーラシア草原、おそらくはカザフスタンあたりで、六〇〇〇年から五五〇〇年までの間に家畜化された。また、七〇〇〇年前のペルーで、人類はテンジクネズミを初めて手なずけた。このことは地味だと感じられるかもしれないが、正直言ってかなり粋《いき》なことだった。

動物の家畜化には、役立つ利点がたくさんあった。食料としてのたんぱく源や、衣類にする羊毛、作物の肥やしの即時補給である。もちろん前章でも話したように、いい話ばかりだったわけではない。人間が密集している集落で動物を飼えば、病気が動物から人間へと断然うつりやすくなるし、馬や牛の飼育は富の格差の起源と結びついていたようだ。それに、馬や象を軍事利用すれば、戦争がもっとずっと……戦争らしくなってしまうではないか。

それに、動物を家畜化したことで、私たちは自然の支配者だという意識を強くもつようになった。

このときから動物も植物も私たちの意のままだ、というわけだ。残念ながら、この章で見ていくように、かならずしもそんなふうにいくとは限らない。生物を生かすも殺すも私たち次第で、私たちがさせたいことは何でもさせられる。そう人類はかたくなに信じているが、これには嫌な癖があって、いずれは私たちに跳ね返ってくる。

たとえば、時を一八五九年に巻き戻そう。そのころ、トマス・オースティンは故郷が恋しくて、ちょっとばかり気がめいっていた。

オースティンはイングランド人だったが、一〇代のころ、植民地のオーストラリアへやってきた。二〇年後、裕福な大地主となって羊牧場を経営し、ヴィクトリア近くの屋敷で広大な二万九〇〇〇エーカーの地所を切り盛りするようになった。そして、祖国で流行っている趣味の世界をそっくりそのまま、そこで現実のものにした。熱心なスポーツマンだった彼は競走馬を育てて鍛えあげ、地所の大部分を割《さ》いて野生動物と狩猟の場にした。これがオーストラリアの上流社会で好評を博し、エディンバラ公爵がオーストラリアを訪れるさい、決まって訪れるほどだった。数十年後、オースティンがこの世を去ったときは、「ここでも祖国でも並ぶ者がいない、古き良きイングランドの真っ当な田園紳士と言うべき人物」と、彼をたたえる追悼記事が出された。

世界の反対側にいながらにして、何としてでも伝統ある地方領主の暮らしを実現したい。オースティンは決然とした意志で、わずかばかりのイングランドを地球の真裏で体現するために、できることは何でもした。だが具合の悪いことに、これが大災害の元となった。

それはオースティンが、昔ながらのイングランドの動物を持ち込めば、狩猟がぐっとよくなると考えたからである。思うに、ワラビーにはたいしてそそられなかったようだ。それで、キジとヤマウズラ、クロウタドリにツグミ、そして野ウサギを甥に送ってもらった。ここで肝心なのは、二四羽のイングランドのウサギを輸入したことだ。「ウサギを何羽か入れてもまず害はないし、母国にいる雰囲気を味わえて、ちょっとした狩りのお楽しみができる」と彼は手紙に書いた。

「まず害はない」という予想は大はずれだった。それでも正確を期すならば、ちょっとした狩りのお楽しみができたことについては、奇しくも当たっていた。

オースティンはオーストラリアにウサギを持ち込んだ最初の人物ではなかったが、このあとで襲いかかろうとしていた大災害に大きな責任がある。ウサギの繁殖力はどれくらいかというと、まさに……ウサギのごとしだった。これがどれだけ深刻な問題であるかは、最初の積み荷が届いた二年後の時点で、おそらくわかりきっていたはずだ。オースティンは一八六一年にある手紙の中で、「イングランドの野ウサギを何千羽も所有している」と自慢している。

一九二〇年にはウサギ大発生の頂点に達し、オーストラリアに棲息していたウサギの総数は推定一〇〇億羽となった。なんと二・五平方キロ〔皇居の二倍弱の面積〕に三〇〇〇羽の勘定だった。オーストラリアはウサギにおおいつくされた。ものの譬《たと》えなどではなく本当に。

ウサギはただ繁殖しただけではなかった。食事もした（子づくりは腹のすく営みなのだ）。ウサギどもは草木を根こそぎ食べ、植物の多くの種を絶滅に駆り立てた。それればかりではない。オーストラリアの動物もまた、ウサギとの食物の争奪戦で、絶滅の危機に追い込まれた。土を絡めていた植物の根がなくなったせいで土壌が崩壊し、侵食が起こった。

一八八〇年には問題の規模が明らかとなった。当局は困り果てた。どんな策を打っても、この立ち耳軍団の猛攻撃はとどまることを知らなかった。ニューサウスウェールズ州の行政は「シドニー・モーニング・ヘラルド」紙に涙ぐましい広告を出し、「ウサギ駆除に効き目があり、植民地でまだ知られていない方法や手順……を知らせた者やグループには総額二万五〇〇〇ポンド」を支払うと約束した。

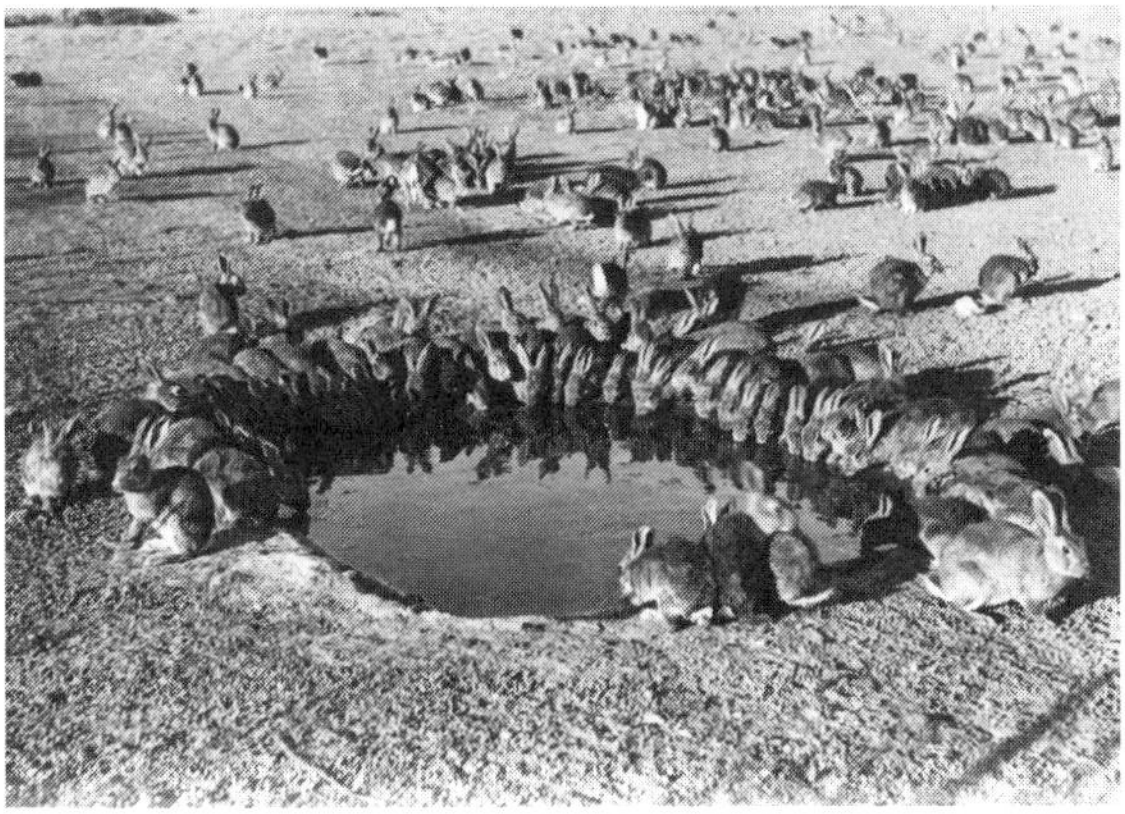

1961 年、オーストラリアの都市アデレードの水溜まりで水を飲むウサギの群れ。Getty Images: Bettmann

続く数十年間、オーストラリアはウサギを罠にかけ、銃殺し、毒殺した。ウサギの群生地を焼き、煙でいぶした。土の中のトンネルから追い出そうと、イタチをけしかけたりもした。一九〇〇年代には、オーストラリア西部に一六〇〇キロ以上に及ぶフェンスを張りめぐらせて、締め出そうとした。だがうまくいかなかった。ウサギはトンネルを掘るのが上手だし、どうやらフェンスをのぼることも覚えてしまうのだ。

オーストラリアのウサギ問題は、その日の仕事が終わりそうなころにやっと事の重大さがわかってくる問題の例として有名なものだ。生態系は測りしれないほど複雑なため、みだりにいじるなら、それなりのリスクを覚悟しなければならない。動物や植物をたやすくあちらからこちらへと動かそうとしても、かならずしも私たちのやりかたに従うわけではないからである。ある偉大な哲学者がかつてこんなことを言った。「命は自由へと旅立つ。新しい領域へと拡がり、障壁にぶつかっては突き抜ける。痛々しく、危なげでさえある。それでも、まあ、そういうものだ」。そう、こう言ったのは「ジュラシック・パーク」の俳優ジェフ・ゴールドブラムが演じた博士の台詞《せりふ》。偉大な哲学者であることは、先ほど申し上げた通りだ。

皮肉なもので、オーストラリアにウサギを持ち込むという当初の失敗のあとで、長くかかった解決法はことごとく失敗続きだった。数十年間、オーストラリアの科学者たちは、ウサギに対して生物戦をしかける実験を重ねてきた。ウサギを退治したくて病気まで使ったのだ。最も有名なのは一九五〇年の粘液腫病だった。この作戦はしばらく功を奏し、ウサギの総数はみるみる減ったが、そこでとどまってはいなかった。ウイルスの媒介を蚊に頼っていたため、蚊が繁殖しない地域ではそう効果はなかった。それに、生き延びたウサギが次第に抗体をつくり、ウサギの数がまた増え始めた。

それでも科学者たちは別の生物因子の研究を続けた。一九九〇年代には、ウサギの出血性疾患のウイルスを研究していた。実際、病気を扱う実験は危険を伴うので、科学者は南海岸から離れた小島で研究をしていた。ウイルスが漏れて、本島に広まってしまうリスクを減らすために。さあて、何が起こっただろうか？

そう、一九九五年にウイルスが間違って流出し、本島に広まった。命は自由へと旅立つものである。このときはハエに乗せてもらってヒッチハイクで足を伸ばした。だが、ウサギにとって命取りの病気をうっかり野に放った当の科学者たちは、むしろ喜んでいた……効果があったようだとわかったからだ。ウサギの出血性疾患のウイルスが誤って流出して以来、二〇年間でオーストラリア南部のウサギの総数はまた減っていった。一方で草木が戻り、絶滅寸前まで追いやられた多くの動物の数も戻ってきた。今はただ、ウサギの出血性疾患のウイルスに、思いもよらない副作用が発覚しないことを願うばかりである。

動植物はときには、見つけた場所でそのままにしておくべきだ。それを教えてくれるのはオーストラリアのウサギばかりではない。

たとえば、ナイルパーチ。最大二メートル近い貪欲な肉食魚で、その名からご想像の通り、もともとナイル川にいた魚である。だが、東アフリカのイギリスの入植者たちは、この魚を利用して状況をもっとよくしたかった。この魚をアフリカ最大のヴィクトリア湖に移すのは、素晴らしく気の利いた考えだと思ったのだ。すでにヴィクトリア湖にはふんだんに魚がいて、地元漁師は地元の魚で漁をするのに何の不満もなかったのに、それでもイギリス人は、状況を今よりよくできると考えたのだ。当時、この湖に一番たくさんいた魚群は、何百種類もの多様なカワスズメ科だった。この見た目のかわいらしい小粒の魚たちは、水槽で熱帯魚を飼っている人たちに愛されている。でも、かわいそうに、カワスズメ。植民地支配をしていたイギリスの役人にはけなされて、「雑魚」と呼ばれていた。

植民者たちはヴィクトリア湖にもっと大きくてかっこいい魚がいたら、湖は今よりずっとよくなると考えた。良い商売になると踏んだのだ。大勢の生物学者がやめたほうがいいといさめたが、一九五四年には計画を押し進め、ナイルパーチを湖に入れた。ナイルパーチはナイルパーチのすることをした。あますところなく、ほかの種を次から次へと食べ尽くした。

ウガンダでナイルパーチを運ぶ男性たち。Getty Images: Picture Post

イギリスの役人は、一つのことだけ正しかった。実際にいい商売になったのである。漁業はにわかに景気づいた。ナイルパーチは食べ物としては商売になる上物《じょうもの》で、スポーツとしては釣りで楽しめる上物だったので、人気は絶大だった。だが、漁獲高が五〇〇％まで跳ね上がり、それが何千何百もの仕事を支えている間、ヴィクトリア湖の種の数は激減した。五〇〇種類以上いたほかの種は絶滅し、これには二〇〇種以上の気の毒なカワスズメ科も含まれていた。

　手に負えないのは動物だけではない。クズはアジア一帯に生息するマメ科の蔓《ツル》性植物である。これは一九三〇年代にアメリカに広く導入された。すでに本書で話してきたダストボウルの問題を解決するためだった。役人はとびきり生育が速いこの蔓の根が土を絡めてくれて、さらなる侵食を防いでくれると思ったのだ。実際、クズはそうするのが並外れてうまかった。残念ながら、ほかの草木や雑草の息の根をとめることも、ずば抜けてうまかった。そればかりではない。家でも車でも、行く手にあるものは何でも息詰まらせた。クズはアメリカ南部をおおいつくしたので、「あの南部を食らい尽くした蔓」という異名をとるほどだった。

クズのために言っておくと、クズはそこらの与太話で語られるように、ジョン・ウィンダムのSF小説に出てくる「食人植物トリフィド」のような悪魔の植物ではない。最近の研究では一般に思われているほど、クズがおおっている土地は多くないとわかった。それでも、八〇年前には少しもなかった地域にふんだんに生えていて、今でもアメリカ政府公認の「有害植物」のリストに載っている。

だが、今はクズに同情すべきときかもしれない。なぜなら、外来種はそれ相応の外来種に食われるからである。二〇〇九年に、クズを食らうコガネムシの仲間マメコガネが、はるばる日本から海を越えてやってきた。アトランタに着いたとき、そこにはご馳走がたんまり用意されていたのだから、さぞ胸を躍らせたことだろう。三年間でこのクズの虫は三つの州に広まり、クズの総量の三分の一を食べ尽くした。ひょっとして、読者のあなたが「クズの問題が解決して何よりだ」と思っていらっしゃるなら、あいにくことはそう単純ではない。豆はクズがはびこった多くの州のおもな収入源だったのに、クズの虫はマメ科の作物も食べてしまったからである。ある問題を思いがけないものが解決してくれたとしても、それ自体にもっとやっかいな問題がないとも限らない。

どうやら場違いな場所へ新たに種を持ち込みたい欲望は、既存の種にとどまらないようである。ときに私たちは、まったくの新種をつくりだしてしまう。このことは一九五六年に、ブラジルの科学者、ワーウィック・エステヴァン・カーが、タンザニアからアフリカの女王蜂を輸入して、ヨーロッパのハチとかけあわせようとしたときに起こった。彼は両方の特徴をかけあわせて、ブラジルの環境にもっと適した種をつくりたかったのだ。

一年間のかけあわせ実験のあとで、運悪く、かならず起こる例のことが起こった。サンパウロの北西にある都市リオ・クラロのカーの実験室で働いていたハチの飼育係にとって、その日はまさに泣きっ面にハチだった。二六匹のタンザニアの女王蜂が逃げ、それぞれの女王蜂についていたヨーロッパのハチの群れも、いっせいに逃げ出したからだ。そして、ハチたちはブラジル各地で巣づくりをした。女王蜂は出会ったオスはどんなハチとでも、分け隔てなく交尾し始め、何種類かの異なる種との交雑種をつくりだした。こうした「アフリカ化した」新種のハチ、アフリカナイズド・ビーは急速に南米に広まり、中米に、そして北米にまで広まった。このハチたちはこれまでいたハチより小ぶりで、毒は少なかった。だが巣を守ることにかけて、はるかに高い攻撃性を見せた。実際、ほかの種のハチより一〇回以上も多く刺した。このハチに刺されて一〇〇〇人近くが命を落とし、「殺人蜂」という異名を取るようになった。さすがにこれはちょっと言いすぎではないか。ハチはただ、誤解されただけだから。

だが生態系は複雑なもので、自然の微妙なバランスを乱せば、かならずや揺り戻しがくる。人類は痛い思いをして、そのことを学んできた。これからする二つの話は、人類史上、後にも先にも例がないほどきわだっている。世界の反対側で、何十年かの時を経て、狂信的な独裁者と常軌を逸した文学愛好家が合わせ鏡のような大惨事を引き起こした。二つの過ちは、どちらも同じ理由からきていた。二人とも、極端に鳥をみくびったのだ。

鳥をみくびってはならない――中国からスズメを駆除した毛沢東

毛沢東の四害駆除運動は、過去最悪の公衆衛生の政策で、何もかも破壊することに完璧な成功を収めてしまったものと位置づけるべきだ。この政策は社会のあらゆる面をまとめあげて総力で目標を目ざし、驚嘆すべき度合いで目標をしのいだ。目標の半分は、ほぼ確実に国民の健康状態を広範にわたって大きく改善した。したがって、四害のうち二つは悪くないと思われるかもしれない。

悪かったのは、四つ目の目標が何千万人もの死を招いたことだ。

この問題の根っこは、生態系の複雑さのために予測ができないことにある。そうだね、ちょっと種を一つ、ここに足してみよう、いくつかの種をそこから減らしてみようか、と私たちは思う。そうすれば何もかもが良くなるだろうと。そのとき、「想定外の結果」が起こって、お友達の「ドミノ効果」や「カスケード故障」を連れてくる。言い換えれば、事態が「わらしべ長者」や「風が吹けば桶屋がもうかる」の厄災版みたいになってきて、皆で仲良く思いあがりのうたげを開くのだ。

一九四九年の後半に、毛沢東主席の共産主義が中国で権力を掌握すると、国は医療危機に見舞われ、コレラやペスト、マラリアなど感染性の病気がはびこった。毛沢東の目標は、ほんの数十年前に封建主義を脱したばかりの農業国を、一挙に近代の産業大国に変えるというもので、この帳尻を合わせるには何かをする必要があった。

解決策のいくつかは、当たり前で分別あるものだった。集団ワクチンの計画や、衛生状況の改善などだ。問題は毛沢東が国難の批判の矛先を生物に向け、国難は生物のせいと決めつけたときに始まった。

蚊はマラリアを広めるし、ドブネズミはペストを広める。ここまでは否定できない。だから、その数を減らすための国家規模の計画が立てられた。まずいことに、毛沢東はそこでやめておかなかった。もしこれが二つの害を撲滅する運動だったなら、計画はうまくいっていたかもしれない。だが毛沢東は（専門家の意見を訊くこともしないで）ほかの二つの種も加えることにした。槍玉に挙げられたハエは、鬱陶《うっとう》しいからという理由で撲滅されることになった。四つ目の害は？　こともあろうにスズメだった。

理屈はこうだ。スズメがいけないのは穀物を食らうからだ。スズメが穀物を食べる量は、一羽につき毎年最大で四・五キロである。中国人が飢えをしのぐために使えたはずの穀物をだ。これを計算すると、一〇〇万羽のスズメが駆除されたら、六万人の食いぶちがまかなえると考えたのだ。理にかなっているだろう？

四害駆除運動は一九五八年に始まり、これには全精力が注がれた。全国展開された運動のポスターを使って、子どもからお年寄りまで中国人全員が義務を果たし、該当の生物をなるべくたくさん殺害するように呼びかけ、「鳥は資本主義の公共の動物だ」と高らかに宣言した。人々はハエ叩きから拳銃まで携えて武装し、学童はなるべく多くのスズメを投石機で撃つ方法をしこまれた。スズメを目の敵にした群衆は、旗を振り、熱に浮かされたように街中を練り歩き、鳥との戦いに加わった。スズメの巣を壊し、卵をかち割った。市民は鍋や釜を叩き鳴らし、木からスズメを追い払ったものだから、スズメは休むことができずに疲れ果て、空から落ちて息絶えた。上海だけでも二〇万ものスズメが戦闘初日に死んだと推定されている。「戦士たるもの、戦いに勝つまで撤退してはならない」と「人民日報」は書いた。

結果、戦闘には勝った。宣言された目標を達成することにかけては大勝利だった。小さな生物の軍勢に対し、人類は圧倒的な勝利を収めた。四害駆除運動は、合計すると一億五〇〇〇万匹のドブネズミに一一〇〇万キロの蚊、一〇万キロのハエ……そして一億羽のスズメを殺したと推定される。

あいにく、この戦いの何が悪かったかはすぐにわかり始めた。一億羽のスズメは穀物を食らうばかりではなく、虫も食べていた。とくにイナゴを食べてくれていた。

突如として一億羽の天敵がいなくなってせいせいした中国のイナゴは、毎日が正月だとばかりに祝い始めた。スズメはそこかしこでほんのちょっと穀物をつまみ食いしていただけだったのに、イナゴの集団はというと、とめどない巨大な雲のようになって、中国の作物を荒らしまわった。実際の専門家はこの考えの何もかもがどんなに良くないかとかねてから人々に訴えてきたが、一九五九年、鳥類学者の鄭作新の忠告はようやく聞き届けられ、公的な「殺すべき害虫」のリストにあったスズメはトコジラミに変更された。だが時すでに遅し。一億羽のスズメを殺戮し尽くしてから、今度は戻ってこいと虫のいいことを望んでも、そうはいかない。

はっきりさせておくが、一九五九年から一九六二年まで中国を襲った大飢饉《ききん》の原因は、スズメの駆除だけではなかった。複数の恐ろしい決断ミスが同時に重なって、引き起こされたのだ。従来の自給農業から、価値の高い換金作物へと党が命じたことで変化が起こったこと、ソ連の生物学者トロフィム・ルイセンコの疑似科学にもとづく一連の農業の新技術が破壊的だったこと、そして中央政府がすべての農産物を地元の社会から取りあげたこと、このどれもに原因がある。また、良い結果を報告するようにという励ましが圧力となって、あらゆる階層の役人にのしかかったとき、上層部の官僚のなかには、すべてはうまくいっている、そして国民にはたっぷり食べ物があるという絵空ごとを胸に抱いた者たちもいた。実際には、何年もの過酷な天候にやられたあとで（国土のあちこちで洪水が起こった一方で、ほかの地域では干ばつが起こった）、国民が食える蓄えなどありもしなかったのに。

だがスズメ殺しと、続いて起こった本物の害虫による作物の食害は、襲いかかった大飢饉の元凶だった。飢餓による死者数の概算は一五〇〇万から三〇〇〇万人。ただでさえ背筋の凍る話なのに、一五〇〇万人もの人間の生死がわかりさえしないとは、怖さがいっそう上乗せされる話だ。

このことから学べる基本的な教訓（自然を荒らしてはならない。そうしていいのは、どんななりゆきになるかが前もってよくわかっている場合だけだ。それでも、おそらくは良いことではない）が胸に浸みたと思うだろう。ところが二〇〇四年になって、中国政府はまたしても、ジャコウネコからアナグマにいたるまで、哺乳類の大量駆除を命じた。SARSウイルスの発生を受けてのことだった。このことから、人類は過去の過ちからなかなか学べないことがわかる。

鳥をみくびってはならない——米国にムクドリを放ったニューヨーカー

ユージーン・シーフェリンは、基本的に毛沢東主席と同じ過ちを犯した。違うのは方向性があべこべだっただけだ。毛沢東の過ちは、公衆衛生の目標と、それを徹底する専制的な命令があいまって引きおこされた。一方で、シーフェリンが生態系に引き起こした大惨事はまったくの思いつきから起こった。これは人為的な自然災害で、いまだに収まっていない。

一八九〇年のある寒い初春の日にシーフェリンがしでかしたことは、結果として、病気をばらまき、毎年何百万ドルもの値うちがある作物を台なしにし、飛行機事故で六二人もが命を落とす羽目になった。これはどこかの誰かが、ただ自分がどんなに熱烈なシェイクスピアのファンであるかを見せつけようとした報いとしては、あまりにも損害が大きい。

シーフェリンは裕福な薬の製造業者で、ニューヨーク市に住んでいた。仕事柄、ただでさえリスクの崖っぷちにいるのに、彼がご丁寧にも生態系に加えた貢献は、仕事に根ざしたことでさえなく、単なる趣味からきていた。シーフェリンは当時の二つのしゃれた流行に血道をあげていた。それはシェイクスピアの戯曲と、外来種の新しい生育地への移入だった。

そのころ、西洋文化はシェイクスピアの再上演が花盛りで、その結果、かの詩人は大衆文化のなかで、だいたいビヨンセくらいの地位を得ていた。その間、おフランスな思想にもとづいた順化協会と呼ばれる親睦団体が、西洋世界を中心に広まり始めた。これは裕福な慈善家たちの自発的な団体で、動植物の外来種を自国に移入することに尽くしていた（これは人々が、そうすることがどれだけまずいのかと気づく、ずっと前のことだった）。

シーフェリンの過ちは、彼がニューヨークを拠点とするアメリカ順化協会の会長で、また、シェイクスピアに心酔していたという事実に始まっていた。だから、喜ばしくて奇抜な計画を思いついた。最も偉大な英詩人の業績をたたえるには、劇中のあらゆる種の鳥をアメリカの空に羽ばたかせることに勝る名案はないのではないか？　そう考えて、アメリカ順化協会はさっそく計画に取りかかった。

最初は失敗続きだった。ヒバリやウソ、ウタツグミなどの鳥を野に（というか、街に）放ったが、うまくいかず、なじみのない環境で数年後に死に絶えた。だがそのあとで、一八九〇年三月六日、ユージーン・シーフェリンは助手たちとセントラルパークに立ち、六〇羽のホシムクドリの入ったかごを一つひとつ開け始めた。

こうしたことをシェイクスピアのせいにはできないが、もし彼が『ヘンリー四世』の第一部の第一幕、第三場で、これとは違う喩《たと》えを選んでいたなら、こうはならなかっただろう。この場面で登場人物のホットスパーは、国王が義理の兄さんのモーティマーの身代金を払うように圧力をかけ続けてやるという決意をあらわして（王からモーティマーの名前を口にすることも禁じられているのに）こう言っている。

いや、
それよりムクドリに「モーティマー」としか鳴かないよう
芸をしこみ、やつのところに届けさせてやる。
やつは四六時中、腹を立てておかねばなるまい。

シェイクスピアがムクドリと書いたのはここしかない。全作品の残り全編にはまったく出てこない。だがこのたった一つの記述で、われらがシーフェリンにはこと足りた。

最初の六〇羽のムクドリは一八九〇年に放たれた。一八九一年にシーフェリンはまた戻ってきて、さらに四〇羽を放った。当初、ムクドリはアメリカにうまくなじめないようだった。何年かの耐えがたいニューヨークの冬を越すうち、もともとの一〇〇羽のうち三二羽だけが生きのびて、ついていなかった先達のあと追いをするかに見えた。ところが、ムクドリはたくましくて柔軟な生物だ。なじみのない環境に巧みに合わせ、ほかの鳥たちをけちらしてでも生き残る。ちょっと胸に浸みいる皮肉があって、アメリカ自然史博物館の軒下で、小さな群れが雪や嵐から逃がれる寝ぐらを見つけた。国の自然史をそのまま保存しておくための建物が、はからずも、まさにその自然史を大きく塗り替える役目を果たしたのだ。なぜなら次第にムクドリの数が増えだしたからだ。そして、もっと増えた。どんどん増えていった。

一〇年もしないうちに、ムクドリはニューヨーク市でありふれた鳥となっていた。一九二〇年には国の半分に広まった。一九五〇年にはカリフォルニアにまでいた。今日、二億羽もが北米に住んでいて、メキシコからアラスカまでどこにでもいる。

ムクドリは「ニューヨーク・タイムズ」紙の言葉では、「この大陸で最も金がかかり、最も有害な鳥」になった。あるいは、「ワシントン・ポスト」紙が言いあらわしたように、「間違いなく北米で最も厄介者」である。一〇〇万羽もの鳥たちがムクドリ特有の群れをなして、巨大な怪物のように姿を変えて空を舞った。そして広大な規模で作物に襲いかかり、小麦畑もジャガイモ畑も荒らし、小屋の穀物を食らい尽くした。ムクドリはならず者で、もとからいた鳥たちを巣から追い払い、真菌感染症からサルモネラ菌まで人間にも家畜にも害をおよぼす病気を広める助けをする。どこにでも糞をして、その臭いはすさまじい。

ムクドリの大群はまた、空の旅に危険をもたらしもした。一九六〇年のボストンで、およそ一万羽が、ローガン国際空港から飛び立ったばかりの飛行機にぶつかった。このせいでエンジンが壊れ、飛行機は地面に激突し、七二人の乗客のうち六二人が亡くなった。

ムクドリは健康被害をもたらす害鳥で、北米の農業経済の金をだだ漏れにしてしまう。そもそも、どうしてムクドリがここにいるかというと、ただ心やさしい上位中産階級の男が趣味にのめり込みすぎて、後先を考えなかったからだ。のめり込んだのが、ジョギングやビールの自家醸造や水彩画だったなら、こんなことは起こらなかったのに。

もっともこれには良い面もあって、それはたぶん虫の数を減らしてくれることだろうか？

いてはならない土地に私たちがもち込んだあと五つの種

猫

猫は皆の人気者だが、猫が持ち込まれるまで捕食動物がいなかったニュージーランドではそうでもない。猫は在来種にとって悲報だった。とりわけ太っていて飛べないフクロウオウムはひどい目に遭った。

オオヒキガエル

ウサギ同様に南アメリカ産オオヒキガエルも、害虫のサイカブトを食べてもらおうという善良な目的でオーストラリアに持ち込まれた。ところがそうはならず、それ以外のものはほぼ何でも食べ尽くされた。

ハイイロリス

アメリカのハイイロリスがイギリスとアイルランドに持ち込まれると、すぐに新天地で幅をきかせ始め、もとからいたアカリスをけちらして絶滅寸前まで追いこんだ。

日本のヒトスジシマカ

とりわけ鬱陶《うっとう》しくて病気を媒介するかもしれないこの蚊は、ほかの多くの蚊と違っていつでも血を吸えるのが特徴だ。一九八五年に日本から輸入された中古のタイヤの積み荷にくっついてアメリカにやってきた。

カムルチー（雷魚の一種）

アジアの生物をアメリカに持ち込もうとするなら、陸を歩き、水なしで何日も生き延びることができる、食欲旺盛な肉食魚だけはやめてほしい。災いを招くだけだから。

第4章　統治に向いていなかった専制君主たち

人間の社会が複雑になってきて、最初は村だったものが町になり、それが都市になってくると、ややこしい事柄に直面した大集団に共通の問題にいやおうなく向き合わざるをえなくなった。たとえば、文明を築くかどうか、夕食はどこでしようかといったことである。最終的に決断をくだす誰かが必要となる。

初期の人類の社会がどのようになりたったのかは、あまりよくわかっていない。人間の性質を考えてみれば、どの時代にもほかの人たちのボスになりたがる人物はかならずいたはずだが、いつこれが単なる趣味ではなく、実際の職になったのかは定かではない。

私たちにわかっているのは（すでに話に出てきたように）、農業の開始からそれほど経っていないときに人類が格差を産みだしたことである。人類よ、でかしたぞ。このことは初期の集落の家の大きさを見れば、考古学者たちには一目瞭然である。最初は家々にそれほど違いはなく、かなり平等な社会だったようだ。ところが人類が作物を植え始めてから、最初の数千年でエリートが現れた。エリートたちの家は、ほかの人たちの家よりずっと大きくて立派だった。南北アメリカ大陸では、この格差の開きは、農業を始めてから二五〇〇年くらいして横ばいになったようだ。だが旧世界では差が開き続けた。なぜかって？　ある説によると、旧世界では馬や牛のような動物に荷を引かせ、輸送に使ったり、土地を耕したりできたからだ。このことで私財をこしらえやすくなり、富を子どもや孫に受け継がせることができるようになった。このようにして例の一％が生まれた。

ある時点で、こうしたエリートたちは、ほかの皆よりちょっとばかり裕福でいることにあきたらず、皆を支配し始めた。初期の都市国家の精神的指導者や宗教的指導者の役割は、おそらく統治者に最も近い。だが約五〇〇〇年前にエジプトとシュメール（現代のイラク）の両方の地で何かが変化し、誰もが憧れる政治形態の初の例があらわれた。絶対王政である！　シュメール王名表という石碑があって、そこにはご親切にも、歴代シュメール王（一人だけは女王）が順に載せられている。これは人類史上初の王様たちを記した名表かもしれない。だがあまり役に立たなくて、多くは明らかにナンセンスである。最初に名前が出てくる王、アルリムは二万八八〇〇年間を統治したと記録されている。ということは、今でもまだ二万二〇〇〇年の統治期間が残っているはずである。

どうして、どういうわけで、人類は決断をするのに、何度も何度も「たった一人の男に全部おまかせ」方式を取るのだろう？　わかりきったことだが、大昔に選択肢はたいしてなく、最初の統治者たちは、武力などの弾圧の手段を用いて権力を握ったのだろう。だがこのことはまた、どうやら戦争と結びつきやすいようである。古代エジプトの王朝は、エジプトが征服で統一されたときに始まり、シュメールの王たちは、都市間の紛争が激化していった時期に現れた。少しあとの紀元前二三三四年、シュメールは王たちの数百年間の統治のすえに、隣のアッカド帝国の王サルゴンに征服され、世界初の帝国が誕生した。一方、メキシコのオアハカの盆地では、このすべてが終始ここ一ヶ所で起こったことが考古学者たちにはわかっている。約三六〇〇年前に農業を始めるとまもなく、サン・ホセ・モゴテの集落は平和主義の階層なき小村として始まった。次の一〇〇〇年かそこらで、隣合わせの村々との諍《いさか》いから始まった小競り合いに拍車がかかり、富は増し、格差が拡がった。二四〇〇年前までに酋長《しゅうちょう》が治める地として統治されると、盆地は戦争状態に陥った。サン・ホセ・モゴテの人々は山に登り、防御壁を建て始めた。

「統治者か、戦争か、どちらが先に始まったのだろう？」という問いは、言うならば、鶏が先か卵が先かのような問いである。統治者がいればかならず戦争が起こり、戦争が起こればかならず統治者がいるように、この二つは仲良く手を取り合っていくように思える。統治者以外の皆様にはお気の毒だが、いくら平等主義の小村に住んでいたくても、このことからはまぬかれない。戦争ファンの諸氏には朗報だが、あとで二章分を割《さ》いて戦争を掘り下げるので、今は統治者に注目していただきたい。

現代のように、幸運にも文明化された時代には信じがたいが、国を統治する人々は、かならずしも統治に向いていたわけではなかった。これはたいして驚くことではない。そもそも自ら進んで国を治めたいと思うような人たちは、もともとちょっと変わり者に決まっているではないか。私たちの中には朝になって、その日に履く靴下を選ぶのさえやっとの方もいるのに、国民全体がどの靴下を履くべきかを選びたいだなんて。

当然のことながら、統治者のジャンルも、統治者が国にはびこる羽目に陥るパターンも千差万別だ。

専制君主はよりどりみどりで、たとえば父から兄弟や子へと受け継がれる世襲の王、神権統治の神官、武力で権力を掌握する将軍など、さまざまな独裁者がいる。これに加えて、民主主義の選挙もある。民主主義の失敗については、次の章でざっとお話しするとして、この章では歴史上の専制君主で最もふがいなく、おぞましい、または、ただ変てこなだけのろくでなしをご紹介する。

まずは中国初の皇帝で始めよう。始皇帝《しこうてい》は先見の明があり、残酷だが手際のいい手段で計画を成し遂げ、驚異的なほどまでに現代の世界に影響をおよぼした人物だ。残念だったのは、アメコミの典型的な誇大妄想狂の悪役のようなやりすぎが災いして、失敗の程度もすさまじかった。

始皇帝は抜け目ない外交戦術で、中国で交戦中だった七つの王国を、すべて一つの国にまとめあげた。それまでは誰もしなかった試みだ。紀元前二二一年、ローマがイタリア以上に大きくなり、帝国をつくることを考え始めたばかりのころ、始皇帝は巨大な政治組織の基盤をつくっていた。それは、ほかのどの国より長持ちするものだった。

これをうまくやりおおせただけでなく、近代国家を組織する基準となる一連の改革を制定した。封建貴族の影響を減らし、中央集権的な官僚制度を確立し、文書と金銭と度量衡《どりょうこう》を標準化し、道路と初期の郵便制度の巨大ネットワークなど、重要なコミュニケーションのインフラを整備した。そして、のちに万里の長城となるものの建造に取りかかった。

それで……それなら、始皇帝の何がそんなに悪かったのか？　まずいことに、反対派を全員弾圧で抑えつけ、反対派の哲学を禁じ、同意しない者を処刑し、農民を建設事業の奴隷にすることで、これを成し遂げたのだ。歴史的にどんなふうに物事がなされる傾向にあったかを考えれば、これはたいして驚くことではないかもしれない。

これ以上に驚くのは、前代未聞の中央集権化と、広く行きわたった情報網を始皇帝がどんな目的で使ったかだ。簡単に言えば、不老不死の妙薬を国民にくまなく探させるためだった。

野心家だった始皇帝は永遠の命に取り憑《つ》かれていた。そして、新しい国の総力をあげ、財のかぎりを尽くせば、永遠に続く命の謎を見つける道が開けると信じていた。そこで、国じゅうにお触れを出した。医者も兵士も商人も含め、国の端から端までのあらゆる者がこの探索に駆り出された。私欲を満たす探求を政府主導の重大案件さながらにやったのだ。辺境の地から続々と届く進捗の報告や、始皇帝のお目通しのために送られてくる薬草や飲み薬の見本を受け取っていたのは中央裁判所だった。この事業の一環として医者たちは国に登録しなければならなかった。これはいくつかの点で中央集権的な健康制度の初期の形態であり、いくつかの点ではそうでなかった。

哀れな始皇帝。そこまでしても始皇帝にとっては良き健康制度にならなかった。アメコミの悪役が最後には自らがもくろんだ誇大な目的のために滅びるように、不死への探求は失墜へ至る道のりだった。「永遠の命」を得られると思われた妙薬を摂取し、その多くは水銀を含んでいたと信じられている。当然、命を落としたのだ（亡くなる前は水銀中毒で頭がおかしくなっていたはずだ。これは口から出る言葉がことごとく法律になる権力の亡者に、いかにも起こりそうなことだ）。

始皇帝が死ぬころには誰もが始皇帝に激怒していた。死後、ほどなくして暴動が起こり、世継ぎは倒され、始皇帝の王朝は続かなかった。それでも、始皇帝がつくった国は今日まで大国であり続けている。ただ、永遠の命の謎を見つけることはできなかった。

このまま中国で話を進めるが、一五〇五年まで一七世紀くらい飛ばし、国の責任ある地位に甘ったれ坊やのような男を据えるのがよくないとよくわかるように、手始めに正徳帝《せいとくてい》（幼名は朱厚照《しゆこうしよう》）はふさわしいだろう。

正徳帝は政務を嫌い、むしろ虎狩りに行くことや、おびただしい数の女と寝るのを好んだ。けっしてそれが良いわけではないが、そういう皇帝なのだからしかたない。

何が奇妙だったかというと、正徳帝がもう一人の人格をつくり上げたことだ。別人格の正徳帝はかっこいい軍隊の司令官で、朱寿《しゆじゆ》大将という名前まであった。まずは正徳帝がこの架空の大将に向かって、北部に進軍して戦闘せよと命じる。それで、今度は大将のキャラになりきって、うやうやしく皇帝の命令に従うのだ。奇遇だがその間はなぜか公務は何ヶ月もお休みだった。

これは明らかに珍妙ではないか。

だがおそらく、もっと珍妙なのはこれだった。宮殿の敷地内に町の市場の実物大模型をこしらえて、そこで高級官僚や軍事指導者の全員に売り子の恰好をさせ、陽気な商人の役をやらせるのだ。それで、ご当人はいかにも町人らしい服でめかし込んで、市場を歩きまわり、買い物ごっこに興じるのだ。このきわめて屈辱的かつ無為な時間を過ごすことに、ちょっとでも顔をしかめる者がいようものなら、クビになるか、もっとまずいことになった。

そう、これ以上に珍妙なことはないだろう。

それに、こんなこともあった。どうやら提灯《ちようちん》祭りの直前に、ありったけの火薬を宮殿に蓄えておくのは名案だと思ったようで、これがどんな結末になったかは、ご想像どおりの大爆発だった（正徳帝はこの火事に巻きこまれなかったが、舟から落ちたときに病気になったのが原因で、二九歳の若さでお陀仏《だぶつ》だった。ご愁傷さま)。

世襲制の問題の一つとして、統治以外のことをしていたほうがいい人物が統治者になることがよくあった。正徳帝の場合もだが、かわいそうなバイエルンのルートヴィヒ二世もそうだった。この章で例に挙げるほかの統治者たちの大半とは違い、「頭のおかしい王ルートヴィヒ」はたいして害がなかった。ただ、バイエルン王として求められたことに、これっぽっちも興味がなかっただけだ。その代わり、とびきり素敵なものの実現に人生を捧げた。

統治者の狂気と言われるものの歴史をひも解くと、「最もおつむがいかれた君主」のリストに挙がる例の多くに、何か通底するものがあると気づかないわけにはいかない。端的に言って、歴史の執筆者たちは「精神異常」や「奇癖」などの言葉を、今日なら「異性愛者とは言い切れない」と言うべき人物に冠しているように思われる。これについては、とりわけスウェーデンのクリスティーナ女王に敬意を表したい。結婚を拒み、ぼさぼさ頭をして、男装を好み、今日なら百合だとか、ガールズラブだとか言われそうな女友達をともなっていた。夫を見つけるように圧力をかけられたときは、そうする代わりに王位を捨て、男のような恰好でスウェーデンを離れ、ローマ入りをした。そのときはアマゾネスみたいないでたちで、馬の背にまたがっていた。

私たちは歴史上の人物の性的指向を、ためらいがちに察することしかできない。具体的で明確な自己認識としての「ゲイ」という概念が西洋社会に根づき始めて、まだ一五〇年も経っていないことを念頭に置くべきである。つまり、ルートヴィヒ二世はどこからどう見ても正真正銘のゲイだった、と

ノイシュヴァンシュタイン城。Getty Images: Moment

いうのはかなり妥当な線だろう。

ルートヴィヒは内気でクリエイティブな夢想家で、政治や軍隊を率いることにはまるきり興味がなかった。一八六四年に一九歳という若さで王になると、公の生活から退き、治世を芸術家のパトロンとなることに捧げた。おまけにその役割がずば抜けてうまかった。

ルートヴィヒは劇場に金を注ぎ込んで最高の役者を雇い、ミュンヘンをヨーロッパの文化の首都に変えた。ワグナーの音楽をこよなく愛し、私的なパトロンにもなった。鼻つまみ者だということで、ほかの誰もがワグナーを町から追い出そうとしてからも出資を続け、晩年の傑作を生み出す支援をした。そして、何より城がある。

ルートヴィヒはバイエルンをおとぎの城で埋めつくそうとした。その計画には建築家でなく、劇場の設計士を雇い、派手にごてごてと飾りたてたメルヘンチックな建物の建築に、途方もない金額を費やした。リンダーホーフ城にヘレンキームゼー城、そして、とりわけ心を打たれるのがノイシュヴァンシュタイン城だ。これはルートヴィヒの幼少期の家に近い、岩だらけのアルプスのでっぱりの上に建てられた。

バイエルンの権力者たちはこうしたことに、ほとほと手を焼いていた。ルートヴィヒは政務を顧みなかったわけではなかった。書類仕事はさっと済ませたから、真の情熱を傾けられることに向き合えた。だが、借金を重ねてでも芸術作品の制作に出資し、公的な場に顔を出したがらなかった。仮に軍事に関心があるとしたら、おおかた騎兵隊に男っぷりのいい連中がそろっていたからだった。

そして、後継者問題があった。王様の例にもれず、ルートヴィヒはつねに結婚と子どもを持つことへの重圧にさらされていた。それで、同じくワグナーに心酔していた女公爵と婚約したが、結婚の日取りが近づくと何度も延期し、ついにはご破算にしてしまった。

次第にルートヴィヒの借金はふくれあがり、その後の城はもっと意匠を凝らしたものになっていった。敵対者たちは裁判所で行動を開始し、彼を正気でないと言い立てるという昔ながらの常套手段に出た。ルートヴィヒの叔母のアレクサンドラは、ガラス製のピアノが体内にあると思い込んでいた（そのことはなんら、叔母さんの文学の業績の妨げにはならなかったが）くらいだから、メンタルな問題がルートヴィヒの家系にあったという説は疑いようがない。だが、陰謀家どもは四人の高名な医者を説き伏せて、診てもいないルートヴィヒの診断書を書かせていた。医者の一人はルートヴィヒと面識があったが、それは一二年も前だった。ルートヴィヒが統治に向いてないとされた論拠には、自分のコーヒーにミルクを入れることを召使いに禁じた、というのっぴきならない事実まであった。

それでも、計略はうまくいった。政府の使者からルートヴィヒを守ろうと、女男爵が日傘で応戦したのもむなしく、ルートヴィヒは退位させられ、ミュンヘンの南にある城に引きたてられて監禁された（失礼、「健康のために保養した」だった）。この顛末のすべてが公明正大に行われたわけではないという疑念は、三日後の出来事でいっそう深まっただけだった。ルートヴィヒと担当医は二人とも、湖の浅瀬で水死体となって発見された。真相はいまだ謎のままである。

だが、見方次第では、最後に笑ったのはルートヴィヒだった。惜しげもなく、金を注ぎこんだいくつもの城はどうなったかって？　今では世界的に有名となり、とりわけノイシュヴァンシュタイン城はバイエルンを象徴する建築物だ。そして、年に何百万人もの観光客を惹きつけている。こうした何もかもがバイエルンの経済にとって朗報だ。もし策士どもがルートヴィヒを退位させ、将来の計画を止めることがなかったならば、今ごろバイエルンにどれだけの宝があったかしれない。ここでヘマをしでかしたのは、哀れな夢想家のルートヴィヒではない。策士どもである。

読者のあなたがノイシュヴァンシュタイン城について、耳にしたことがなかったとしても、一〇〇回はご覧になっているはずだ。そのロマンチックな小塔と尖塔は、そのままディズニーの『シンデレラ』と『眠れる森の美女』の城に息吹を与えた。この城はとりもなおさず、世界最大の娯楽会社そのものだ。流れ星が妖精の金粉をディズニーのロゴに振りまくのを目にするときはいつも、私たちはルートヴィヒの夢がそこに息づいているのを目にしているのである。

ルートヴィヒのように、その夢や才能が統治ではないところにあった統治者は星の数ほどいた。城を建てる情熱は、曲がりなりにも君主がなすべき職務からはずれてはいなかった。それより君主にふさわしくないのは、たとえば飽くことのない熱心なすりである。

エジプトのファルーク一世が人生でしでかした人目を引く行為が、第二次世界大戦にかかわる重要な会議に出席しているときに、ウィンストン・チャーチルの懐中時計をくすねたことだけだったなら、彼の印象はもう少しよかったかもしれない。最悪でもまずまずの変わり者として、良くてバンター王だったきわめて優れた人物として、歴史に名を残したことだろう。

ところが、ファルークはそこでやめなかった。

皆が夢にも見ないほどの大金持ちだったにもかかわらず、成人したエジプト王としては最後の王となった二代目エジプト王ファルークは、とにかくものを盗むのが好きだった。身分の高い者からも庶民からも、金持ちからも貧乏人からも、かまわず盗んだ。しかも、エジプトで悪名を馳せていたすりを牢屋から出させ、さらなる盗みの上達に向けて自分に指南させた。また、そのころ死去したイラン皇帝の遺体をテヘランに戻す前のエジプトで、ファルークは宝石飾りがついた剣などの貴重品を棺《ひつぎ》からくすねたりもした。当然ながら、これは外交問題を引き起こした。

エジプトのファルーク1世（1920-1965年）。
Getty Images: Universal Images Group

ファルークが偉大な王の器でないことを表していたのは、何も盗みだけではなかった。大食漢で宴会好き、贅沢な暮らしぶりで悪名高かった。王になったときは一〇代の美男子だったが、その後は激太りして体重が一三〇キロにもなった。「頭のついた腹」と揶揄《やゆ》されたこともある。公用車の赤いベントレーをたいそう気にいり、エジプト国内で自分のほかは誰も赤い車を所有してはならないという法を定めたりもした。また、低級なポルノを大量に収集していた。常習的に浪費する賭博好きのファルークは、あこぎな連中や詐欺師、腐敗した役人どもに取り巻かれることを自ら選んでいた。ライオンに襲われる悪夢にうなされた朝には、カイロ動物園に連れていけと命じ、即刻その場でライオンを撃ち殺したりもした。

これだけだったら、まだ救いようがあったかもしれない。だがほかのことでも、彼は人々を遠ざけた。イギリスは一九二二年にしぶしぶエジプト独立を認めたものの、軍隊だけはあいかわらず駐留させ続けた。このことはエジプト国内では目の上のたんこぶだったため、ファルークの臣民の多くは、われらが君主はすっかり西側の言いなりだという見方を強めていった。一方のイギリスはというと、逆にファルークがまだまだ言いなりでないことに苛立ちを募らせていった（詳しく知りたいなら、のちの植民地の章をご参照いただきたい）。

第二次世界大戦が始まったとき、皆がファルークへの反発を強めた原因は、何もチャーチルの懐中時計をくすねるような盗み癖だけではなかった。ほかの些細なことが重なった。たとえば、ドイツ軍の爆撃を避けるために街全体が消灯しているときに、それを拒み、アレクサンドリアにある住まいの宮殿の灯りを煌々《こうこう》と灯していたとか。アドルフ・ヒトラーがイギリスを叩き出してくれることを期待して、ナチスの侵攻を歓迎する内容のメモを送ったとか。

ファルークは戦争をかろうじてもちこたえ、戦争が終わりかけたころに、遅ればせながら枢軸国に宣戦布告をした。一九五二年に軍事クーデターで退位させられて（彼の生後六ヶ月の息子が公式に王となり、一年も経たないうちに君主制は廃止された）、余生をモナコとイタリアで過ごし、「タイム」

誌によると、彼は「これまで以上に太り、これまで以上に熱心に女の尻を追いかけた」という。そして、ついには亡命した統治者に昔からありがちな心臓発作で息絶えた。四五歳のとき、ローマのレストランでご馳走をたらふく食べたあとの葉巻コースの間の出来事だった（記録によると、チャーチルは懐中時計の件を大目に見ることはなく、立腹して返却を求めた）。

時を経て統治者の質はいくぶん良くなったとお思いかもしれないが、現代にも、歴史上のライバルに匹敵するくらい理解不能でどうしようもない大勢の統治者たちがいる。たとえば、サパルムラト・ニヤゾフだ。彼はトルクメニスタンを二〇年以上統治した。当地がまだソヴィエト連邦の一部だったころから統治し、国の独立を経て、二〇〇六年に死去した。ニヤゾフは、どんなにまぬけな独裁者でも個人崇拝の対象にできるという実例を打ち立てた。

二〇年間、終身大統領だったニヤゾフは自分勝手な思いつきで国を統治していた。ほとんど何もかもが、とことんおかしかった。彼は「テュルクメンバシュ」と呼ばれたがった。これはトルクメンの父、つまりリーダーという意味だ。犬の臭いが気にくわないという理由で、アシュガバートの首都から犬を禁じた。金歯も禁じた。男性の顎ひげと長髪も禁じた。テレビに出ている司会者をなじるのに熱心で、ニュースのアナウンサーの化粧を禁止した。理由は、誰が男で誰が女なのかわかりにくいから、ということだった。トルクメニスタンの文化にそぐわないとして、オペラ、バレエ、サーカスを禁じ、コンサートやテレビでの口パクも禁じ、結婚式のような催しで生演奏でない音楽をかけることも禁じ、車でラジオを聴くことも禁じた。

ニヤゾフはアシュガバートに自分自身の巨大で金ピカの大統領像を建てた。これはつねに太陽の方

アシュガバートに建つサパルムラト・ニヤゾフ（またの名は「テュルクメンバシュ」）の金色の大統領像。Getty Images: Gamma-Rapho

角を向くように、ゆっくりと自転していた。彼は自分の名前をいろいろなものに冠することが本当に好きだった。二〇〇二年には、一月はテュルクメンバシュ月、四月は彼の母の名前にちなんでグルバンソルタン月と改名した。ある大きな都市をテュルクメンバシュと呼ばせ、パンは彼の母の名前になった。アシュガバートの空港は、サパルムラト・テュルクメンバシュ国際空港と名づけた。そしてメロンを、とりわけ新種のマスクメロンを讃えるために、「メロンの日」という祝日を制定した。そのマスクメロンにつけられた名前は俄然ひねりがきいていて、テュルクメンバシュだった。

ニヤゾフは『ルーフナーマ』という本を著した。内容は詩の寄せ集め、ニヤゾフの自伝、いかがわしい歴史講義、セルフヘルプの手引きが合わさったものだ。この本を好まない者を拷問で懲らしめることもできたし、運転免許の国家試験で本の内容は必須だった。そして、誰もが読むべき本はイスラム教の聖典『コーラン』とニヤゾフの『ルーフナーマ』だけだからという理由で、首都以外の図書館をすべて閉鎖した。また、首都にこの本をかたどった大きな彫像を建てた。これは一定の時間を置いて回転し、本の一節が音声で流れる。この本を読んでいることは、天国に行ける必須要件だと宣言されていた（どうせゴーストライターが書いたのだろうが）。

ニヤゾフはばかげた建造物に巨額を注ぎこんだ。たとえば砂漠に建てた氷の宮殿、たとえば巨大ピラミッド、たとえば「テュルクメンバシュの魂」という名の六〇〇〇万ポンドもかかったモスクである。また、荒涼とした山に巨大なコンクリートの階段をつくり、毎年、公務員全員がそこを登って四〇キロ近くを歩くことを強制した。二〇〇四年には一万五〇〇〇人の医療職員を国の健康サービスから解雇して、代わりに兵士を雇った。病気になったら首都に来ればいいという理由で、首都以外のすべての病院を閉鎖した。また、医師の倫理や任務に対する宣誓であるヒポクラテスの誓いを「テュルクメンバシュの誓い」に替えた。密輸入された麻薬の積み荷を押収し、自分のために取っておいた。真っ暗にした屋敷で架空の敵に対してピストルを撃った。報道の自由はなく、異論は抑圧され、あらゆる公の集団、政党、宗教は、法務省に登録しなければならなかった。建物の外には巨大な「正義の像」が立っていた。これを見た人は、像の人物がニヤゾフの母にそっくりなことに気づかないわけにはいかなかった。

長く続いた極端に恐ろしいニヤゾフの統治から引き出せる大きな教訓が何なのかは、すっきりと解明できるものではない。読者のあなたがほんの少しでもニヤゾフのように振舞っていると気づくことがあるなら、どうかやめていただきたい。

だがテュルクメンバシュと同じくらい最悪でも、トルクメニスタンと同じくらい不運で、二〇年間にわたってニヤゾフの統治下で苦しめられたとしても、ニヤゾフは「とことんイタい独裁者」のリストの最上位になるにはほど遠い。もっとひどい統治者はいただろうし、もっとだめな統治者もいただろう。だが、独裁者がどこまで愚行を犯せるかという好例を見てみたいなら、二度あることは三度あり、悪いことは三度続くことを地でいくオスマン帝国の時代に勝るものはない。

兄弟を幽閉するオスマン帝国の黄金の鳥かご

オスマン帝国の一七世紀前半ほどに、ひどい統治者が続いた場所はなかった。後世になって、彼らのうち二人には、「頭がおかしい」という言葉がよく名前にかぶせられるようになった。このことは良い兆しではなかったが、さらに悪いことに、「頭がおかしい」と呼ばれもしない一人こそ、最悪に頭がおかしかったかもしれない。

この三人のうち二人は兄弟で、もう一人は叔父であることを考えると、そこには何かしら遺伝性のものがかかわっていると疑わざるをえない。だが、「そりゃ、当たり前だろう」という思いに駆られもする。統治に向かない統治者を果てしなく生み出し続ける制度をつくりたいなら、これ以上にうまくできた制度にするのはむずかしい。

このころ、イスタンブールのトプカプ宮殿は、ことさらに安全でいられる場所ではなかった。とりわけ皇子たち、つまり現職の皇帝の息子たちにとってはそうだった。問題は兄弟だった。少なくとも皇帝が死に、兄弟がこぞって王位につきたがっている状況では、にわかに兄弟が問題となってくる。

そのころの君主制に起こりがちだったように、世継ぎをめぐる血なまぐさい争いが、それまでの数世紀の間で事実上のしきたりになっていた。このしきたりには長引く紛争になだれ込むという都合の悪い癖があった。これは誰にとっても都合のよいものではなく、ことに拡大しつつある帝国を取りしきっていかねばならないときにはそうだった。だから、皇子たちはこう思う。わずらわしい手間を省くには、競争相手の兄弟の機先を制し、前もって……兄弟全員を始末しておけばいいではないか。

兄弟殺しのならわしの良くない面は、オスマン朝がふいにぷつりと途絶えてしまう恐れと背中合わせだったことだ。皇帝が跡継ぎの皇子をもたないまま死にかけているとき、殺されていない兄弟が一人たりとも残っていなかったら王朝が続かない。メフメト三世にはちょっとばかり問題があって、一五九五年に王位を引き継いだとき、一九人以上の弟たちを殺させた。これは少し多すぎたと皆が同意したようだった。だから、メフメト三世の跡を継いだアフメト一世で始めるときには妥協が行われた。「鳥かご」はスペアの兄弟を殺さずにとっておく場所だった。

この「鳥かご」は、実際は「鳥かご」ではなかった。それなりに贅沢で趣味のいい装飾がほどこされた塔で、女たちがかこわれているハレムに隣接していた。だが、「鳥かご」に共通する特徴はいくつかあった。たとえば、そこから出られないことである。

アフメト一世が一六〇三年に即位すると、意外なことに兄弟殺しのしきたりを破って、弟のムスタファを殺さなかった。一つには、そのときアフメトは一三歳になったばかりで、ムスタファはまだ一二歳だったからだ。それにアフメトには翌年まで、世継ぎとなる息子がいなかったことも、理由の一端となったのかもしれない。ほかには、弟に情を感じていたからでもあったのだろう。そうでなくともムスタファは体が弱かったので、基本的にこんな可能性もありえたのではないだろうか。アフメトはもしかしたら……善良と言えるかも？

とにかくそれで弟のムスタファは殺されず、「鳥かご」の中で生きるように送り出された。その間に兄のアフメト一世が即位した。何もかもがとんとん拍子に運んだすえの一六一七年、アフメトは発疹チフスで命を落とした。

それまでにアフメトは大勢の息子たちの父となっていて、彼ら全員に王位継承権があった。だが皇子たちがまだ幼いことと宮殿のいろいろな思惑《おもわく》があいまって、王位の背後にいる黒幕たちが世継ぎの筋を変えることにした。なかでも大きな理由だったのは、アフメトの寵妃《ちようひ》だったキョセムが、自分の息子たちを殺されないよう、息子たちとは腹違いの長兄に力を持たせたくなかったことである。とにかく、アフメトの長男である皇子のオスマンを王位に就かせないために、継承権は兄から弟にわたることになった。それで、アフメトの弟のムスタファがムスタファ一世になったのだ。

これはうまくいかなかったと言っていい。

ムスタファは皇帝の器ではなかったし、皇帝となることに熱意がなさそうだった。そうなるのも無理はない。生まれてこのかた、最初の一二年の人生は兄に命を狙われていると確信して過ごし、次の一四年は監禁されていて何もできなかったのだから。できたのは阿片《アヘン》を吸い、女とだらだら過ごすことだけだった。宮殿で力のあった宦官《かんがん》たちは、ムスタファがふたたび社会に戻れば少しは気がしっかりするかと思ったが、残念でした。

統治をするにあたってムスタファが取った方策は、もっぱらくすくすと笑い続け、宰相が重要な案件を伝えている最中に宰相の顎《あご》ひげを引っぱり、ターバンをはたき落とすことだった。ムスタファは行きあたりばったりの思いつきで人を起用しがちで、たとえば狩りにでかけたときに出会った農夫を、高位の役人の地位に就かせたことがある。また、宮殿にいるときは裸同然の奴隷女二人をともなっていることも、魚の餌《えさ》として金と銀のコインを与えようとすることも知られていた。

こうしたことが約三ヶ月続いたすえ、まわりの者たちはもう完全に辟易《へきえき》していた、そして、ムスタファ一世は一四歳だったオスマンに倒された。二度目もどういうわけか殺害はまぬかれ、またしても「鳥かご」に放りこまれた。

これで一件落着と思ったところ、早熟のオスマン二世は野心家で型破りの皇帝だった。改革に熱心で、しきたりに縛られまいとした（それでも、治世の間に兄弟一人を殺す時間はなんとかひねりだせたのだから、まったくしきたりに縛られなかったわけではない）。だが、オスマンは重大なヘマを犯した。あろうことか、オスマン帝国軍が誇る伝統のエリート部隊、イェニチェリに言いがかりをつけたのだ。オスマンは自ら率いた戦闘で勝てなかった腹いせにイェニチェリ兵たちを責め、罰として軍のコーヒー屋を閉め、喫煙も飲酒も禁じた。そうしておいてから部隊を解散させて、新たな部隊をシリアで結成する計画を立てた。

オスマンは軍事面では純粋に理があったのかもしれないが、イェニチェリ兵たちにとっては、当然ながら愉快なものではなかった。こうしてオスマン二世は、オスマン帝国の歴史上、未曾有《みぞう》の国王殺しの第一号となる輝かしい栄誉を勝ちえた。オスマンは睾丸《こうがん》つぶしと首絞めを組み合わせた創意あふれる方法で、自らの軍隊に惨殺された。

そして、ほかに誰もあとを継ぐ者がいなかったおかげで、ムスタファはまたもや「鳥かご」から引っ張り出された。そして、ムスタファは……相変わらずだった。

あと四年の幽閉生活を送れば、ムスタファの精神状態がよくなったかもしれない、と誰もが考えたのかどうかはわからないが、そうだとしたら、たちまちがっかりさせられた。ムスタファはまたしても、ばかげたことをやり始めたからだ。まず、鳥かごから出しにきた連中にまた皇帝になったと告げられたとき、ムスタファは鳥かごの中に立てこもり、出ることを拒絶し、「皇帝なんかになるものか」と吐き捨てた（無理もない）。屋根に開けた穴からどうにかこうにか外に出されたあとで、ムスタファは長いこと宮殿を駆けまわり、必死になってオスマン二世を探していた。オスマンがまだ生きていると信じ、食器棚にでも隠れているかもしれないと思ったのだ。オスマンを見つけることができたら、彼がまた皇帝を引き継げばいいので、自分はもうお役御免だというわけだ。

こんなことがその後の一七ヶ月間、ずっと続き（その間、ムスタファはたまたま知り合いになったロバの御者を、主要なモスクの責任者にあてがうだけの時間はあった）、まわりの者たちは、もうたくさんと音をあげた。ムスタファの母でさえ、もう一度、彼を退位させる案に同意の署名をした。できることなら、息子の命だけは助けてやってほしいという条件つきだった。驚いたことに、これには皆が同意した。それで、ムスタファは残りの人生を「鳥かご」の中で生きた。二度も皇帝になっていながら、どういうわけか一度も殺されずに済んだ。

叔父のムスタファの退位で即位した新しい皇帝、ムラト四世はオスマン帝国の宮廷の黒幕たちにとって、二つの大きな利点があった。彼は、一、狂っていなかった、二、ほんの一一歳の子どもだった。ムラトの実母であり、凄腕の黒幕でもあったキョセムはこの取り計らいを利用して、幼い皇帝の代理として何年も実権を握り続けていた。ムラト四世が成長すると、少なくとも精神的な障害がないのであれば、正真正銘のろくでなしであることがわかってきた。

ムラトはろくな状態でなかった帝国を引き継いで、皇帝なのだから皇帝らしく振る舞うぞとかたく心に決めた。そして、腹違いの兄オスマンが軍隊にだけ何かを禁じたのは生ぬるかったと決めつけて、オスマン帝国の人々全員に喫煙と飲酒を禁じ、コーヒーまでをも禁じた。

「わざわざ大衆の怒りを買おうとする行為」のリストがあったなら、トルコでのコーヒー禁止は、おそらくフランスでのチーズ禁止やアメリカでの銃禁止……イギリスで「〇〇国の人ってさあ」と紋切り型の悪口を言うのを禁止する、などにだいたい匹敵するだろう。だがムラトには迷いがなかった。コーヒーを飲む人々が無性に気に食わなかったので、市民の平服姿でじきじきに町を夜まわりし、見つけ次第、その場でばっさりと斬り殺した。

厳しい反コーヒー法を強いてないときのムラトは、憂さ晴らしに思いつくかぎりのほかのあれこれの理由で人々を処刑した。聴いている音楽がよくないとか、話し声が大きいとか、宮殿に近すぎる場所で歩いたり船を漕いだりしていたとか。ただ女だとか。そう、とりわけ女だとか。彼は女を毛嫌いしていた。

統治の終わりごろにムラトがしていたことは、もはや処刑でさえなかった。処刑と言うからには、せめて何らかの口実がなければならないが、ムラトはただ走りまわって剣を振るっていただけだった。正体をなくすほど酔っ払い、出会いがしらのついていない者を斬り殺していた。ある推定では、一七年の統治のたった五年間のうちに、ひとりで二万五〇〇〇人を処刑したかもしれない。平均すると一日につき一三人以上だ。重ねて強調しておくが、これは名前に「頭のおかしい」という言葉がかぶせられていない男である。

しかも、ムラトは自分の兄弟の大半を、つまりせっかく腹違いの兄のオスマンが殺さずにいた残りの兄弟たちを殺したことがわかっている。

ムラト四世が一六四〇年に肝硬変で死んだとき（これは飲酒を禁じられていた部下たちには、ちょっと意外だったに違いない）、ひとりだけ殺されていない兄弟が残っていた。イブラヒムである。この時期までにイブラヒムは事実上、二五年の人生を鳥かごに監禁されて過ごし、いつかは殺されるという恐怖にさらされ続けて生きてきた。事実、ムラトは死の床からイブラヒム殺しを命じたのだから、このことはあながち間違ってはいなかった。イブラヒムが日の目をみて王位に就くより、オスマン王朝が完全に滅びるほうがましだったのだ。なぜ殺されなかったかというと、兄弟間の諍《いさか》いでよくあるように、実母のキョセムが間に入って止めたからである。

だがムラトが死んでくれて、皆がやれやれと胸をなで下ろしていたならば、イブラヒムはただちにその過ちを正してくれた。イブラヒムが鳥かごに入るときに正気でなかったなら、出てきたときもむろん正気ではなかった。

前のムスタファのように、イブラヒムも初めは鳥かごから出たがらなかった。鳥かごから出すのは、ムラトの側に何か大きなたくらみがあって、自分を殺しやすくしたいからだと思い込んでいた。ムラトの死体が目の前に運ばれてきたとき、イブラヒムはやっと納得した。

どうにかイブラヒムをなだめすかして外に出すと、実母であるキョセムは彼が統治に向いていないと思ったのか、統治するより女にかまけていたいのかもね、と遠まわしにほのめかした。まずいことに、イブラヒムはそれをまともすぎるほどまともに受けとめた。

イブラヒムは普段から毛皮に執着し、毛皮のコートをつねに身にまとい、宮殿の全室をふんだんな毛皮で飾り立てよと命じていた。だが、そうした性向のほか、実際に性に取り憑かれていて飽くことを知らなかった。これはイブラヒムになりかわって宮殿の実権を握っていたキョセムにはまさしく好都合だった。キョセムはイブラヒムに大勢の奴隷女をあてがい、催淫剤で興奮させ続けたので、イブラヒムが長いこと性的不能のままでい続けることはなかった。万一、疲労や勃起不全でよけいな暇を持て余したら、うっかりイブラヒムが自分で統治をしてしまいかねないからだ。

イブラヒムの性的な癖にはこんなものもあった。きわめて残忍なものも、ここでは率直に記しておこう。モルダヴィアの王子、ディミトリエ・カンテミールが何年か後に書いたところによると、「彼は頻繁にそこらの処女たちを宮殿の裏庭に集め、自ら脱いで裸になるようにと指示をした。そして、女たちの間を縫って種馬のようにいななないて走りまわり、一人またひとりと辱《はずかし》め、そうしている間、あらがって自分を蹴り返せと命じた」。

話はここで終わらない。カンテミールによると、ある日、イブラヒムは旅の途中で野生の雌牛に目を留め、その生殖器にすっかり惚れ込んだ。これに夢中になるあまり、その鋳物をつくらせ、さらに金で鋳物の複製をいくつもつくらせ、オスマン帝国中に配って、召使いたちにこの牛の生殖器と一致するものを持つ女を見つけるように命じた。

そう、そういう男なのだ。

（注意。特筆すべきこととして、カンテミールはまったくバイアスのかかっていない情報源でないかもしれない。長年、イスタンブールに住んで勉強し、トルコ語には不自由なく、この出来事があって数十年以内に執筆している。だが著書『オスマン帝国の成長と崩壊の歴史』が執筆されたのは、モルダヴィアの同盟国がオスマン帝国からロシアに移り変わって間もないころである。不運にも戦闘で敗れ、権力の座から退いて亡命し、わずかばかりの遺恨があった可能性はある。その「崩壊」したオスマン帝国はどんな形にせよ、その後、二世紀続いたのだから）

イブラヒムの理想の女探しは、雌牛との出会いが取り持ったのか、アルメニアで見つかった女で落ち着いた。愛称は「角砂糖」。イブラヒムはすぐさま女を気にいった。この時点で、ものごとは少しばかり手に負えなくなり始めた。あるとき角砂糖がイブラヒムに、彼のほかの女たちの一人が浮気していたと告げると、イブラヒムは猛然と怒り、このことをからかった息子の頬をナイフで切りつけた。そして、どの女がその女かわからないために、彼の二八〇人の後宮の女たちの二人を除いて全員を袋詰めにして上でしばり、ボスポラス海峡で溺れさせた。息があったのは一人だけだった。このあとのいつの時点でか、角砂糖の力が増していくことを恐れて、キョセムが彼女を晩餐《ばんさん》に招き、女同士のちょっとしたお喋りをしているすきに手早く殺した（イブラヒムには角砂糖は急病で死んだと伝えた）。

この時点でイブラヒムの行き過ぎた行動は、おおかたの人々を遠ざけた。そして、彼をセックスと毛皮三昧《ざんまい》の贅沢な生活をさせておく費用は国庫を枯渇《こかつ》させた。彼にはすでに何人か息子がいたので、世継ぎがいなくて王朝が続かない心配はなかった。行きすぎだということにはキョセムも同意し、イブラヒムを退位させる計画を承認した。二〇年間で二度目のことだが、イェニチェリ兵たちが反乱を起こし、血の気の多い連中が大宰相を八つ裂きにしてからイブラヒムを恐ろしい鳥かごへと運んだ。イブラヒムは子ども時代のおおかたの時間を過ごした場所で、最期の一〇日のみじめな日々を過ごした。そうしているうちに策士たちが面倒を省くことに決め、彼を死の闇に葬った。

この時期のオスマン帝国の歴史は、人を人とも思わない血塗られた白昼夢のようで、本当に起こった出来事とは信じがたい。HBOのTVドラマ、「ゲーム・オブ・スローンズ」のように野蛮で残酷きわまりない血みどろの日々が、あたかも田園の日常生活を描いたBBCのドキュメンタリー、「カントリーファイル」の一話のように思える。念のために言っておくが、プロパガンダは政治の動乱も虐殺もすべて都合よく正当化するので、はたして何が真実であるかはときに見分けがつきにくい。

歴史上のこの時代は、単に頭のおかしい男どもがどうしたとか、黒幕の女どもが政権を安定させようとしたとかいう話ではない。このころ、世界中の広い地域で新しいテクノロジーが生まれ、経済が大きく変遷していた。同盟国は絶えまなく変化し、新たな国境線が引かれ、いたるところで戦争が起こっていた。オスマン帝国も例外ではなかった。一七世紀後半にようやくこの不穏な時期を脱したときになって、ようやく兄弟殺しのしきたりと内輪揉めの時代に別れを告げた。そして、新しい貨幣経済を取り入れて、封建的な絶対君主制から現代の官僚制へと統治制度をすんなりと切り変えた。だから、これはオスマン帝国が衰退し始める転換点にはならず、全体として、結果はめでたしめでたし!

だからといって、ここで虐殺された大勢の人々にはたいした慰めにならないだろうけど。

何もまかせてはならないあと五人の統治者

ドイツのヴィルヘルム二世

自らを外交が得意な交渉の達人と思い込んでいた。実際はかかわりを持つどの国をも侮辱する才能があっただけだった。このことは第一次世界大戦勃発の一端を担ったかもしれない。

スコットランドのジェームズ六世（イングランドのジェームズ一世）

スコットランド、イングランド、アイルランドの王冠を統一し、『欽定訳聖書』の編纂を命じたのは良かったが、魔女狩りに夢中になり、拷問を自ら監督し、その偉大な功績について書物を執筆した。

デンマークのクリスチャン七世

いろいろな意味で残念な王だが、おそらく彼が強迫観念に取り憑かれた、とどまることを知らない自慰をしていたことは、もっとも王にふさわしくなかった。

ロシアのピョートル三世

成人になっても、おもちゃの兵隊で遊ぶのに夢中だった。ネズミがおもちゃの兵隊をかじっているのを見つけ、軍法会議にかけたこともある。おもちゃの兵隊さんと仲良くするのにかまけすぎて、結婚して妻となったエカチェリーナにかまわなかった。

フランスのシャルル六世

自分が壊れやすいガラスでできているという妄想を信じていたことで最も有名。彼の残念な統治はイングランドにだまされて条約に署名してからまもなく終焉した。その条約にはイングランドの君主がフランスの王位を継承すると宣言してあり、このことは何世紀も続く戦争の火種となった。

第5章　誰が誰を、誰が何をどう選ぶかの民主主義

さすがに専制君主たちの器は大きく、歌劇のごとく華やかな失敗をおぞましい規模でしでかしたおかげで、歴史上さまざまな国がこれを「民主主義」と呼ばれるもので薄め、和らげようとした。だがこれがうまくいく度合いは、そのとき次第だったと言わざるをえない。

民主主義の発祥の地については議論の余地がある。集団で意思決定をする形式は、ほぼ確実に、初期の小さな社会で見られた特徴だった。約二五〇〇年前のインドで民主主義に近づいていた何らかの形跡があるにはあるが、一般的に言って、民主主義的な統治を取り入れて成文化したという功績を勝ち得たのは古代ギリシャの都市国家アテナイだった。アテナイで民主主義が起こったのは紀元前五〇八年で、ちょうどインドと同じころだった。

民主主義のおもな特徴は、あらゆる市民に開かれた政治と、市民が気に入らなければ政権を取り替える選挙を行うことである。当然のことながら、これは誰を市民として数えるかにかかってくる。歴史上の長きにわたって、取るに足りないとみなされた人々は多くの国で市民に含まれてこなかった。

たとえば女性、貧者、少数民族などがそれに当たる。これはつまり民主主義と言いながら、ただ単に全員に選挙権を与えることはできないということだろう？

このほか、民主主義にまつわる問題は、民主主義が自分に権力を与えてくれそうだと人々が期待に胸をふくらませているときはもてはやされるが、それが権力を奪ってしまうかもしれないと思うと、とたんに熱が冷めやすいことだ。この結果、民主主義はひたすら存続を確実にし続けるために、もっぱら労力を使い果たすだけの営みになってくる。

たとえば古代ローマは民主主義がなしくずし的に独裁政治に陥らないように、うまい工夫をした。ローマの執政官は選挙で選ばれた最高責任者で、内政と軍事の両方をつかさどるリーダーであるが、この権限を二つに分け、執政官を二人にしたのだ。二人が執政官でいる任期は一年で、その間、それぞれが担当する最高責任の権限を一ヶ月交代で取り替えた。軍事面ではそれぞれがローマ軍の四つの軍団のうち、二つの軍団の指揮権を受け持った。これは絶対権力が独りの男の手に落ちないことを確かにする、きわめて優れた方法だった。

だが残念ながら、これは四つの軍団で一つの戦いをするときには理想的ではなかった。紀元前二一六年、ローマ軍がカンナエの戦いで、象が大好きなハンニバル率いるカルタゴ軍の全総力に対峙したときにそれが起こった。このとき軍団の指揮権は、ルキウス・アエミリウス・パウルスと、ガイウス・テレンティウス・ウァロという二人の執政官の間で、毎日取り替えられた。それだけでも大変なのに、二人の間に戦術の食い違いがあったせいで、いっそう問題は悪化した。指揮権はある日は用心深いパウルスにあり、翌日は向こう見ずなウァロにあるという具合だったので、どうにかしてローマ軍を戦闘に引き込みたかったハンニバルは、ウァロが率いる日を一日じっと待ってから一気に攻めた。その結果、ローマ軍はほぼ壊滅した。

ローマ人には、この種の分業が起こることを防ぐ手立てがあった。「独裁官」を立てて、危機の間だけ独りの男に絶対的な権限をまかせればいい。その権力は特定の任務のためで、これにはあらかじめ任務が終わったら辞めるという合意があった。だが皮肉にも、ローマの元老院は独裁官の戦術が気に食わなくて、カンナエの戦いの直前に独裁官をやめさせていた。繰り返しになるが、独裁官を立てるのは理論上、申し分ない考えだった。しかし絶対的な権限と、大きな軍隊の指揮権をまかされた独裁官が、任務が終わったら自ら進んで権限を放棄するかどうかは、人によりけりだった。たいていはそうした。ところがユリウス・カエサルという野心家が出てきて、私は権力が大好きだから、皆さんさえよろしければ権力をもったままでいさせていただこう、と決め込んだ。カエサルは刺されてお払い箱になったが、あとに続いた連中も、絶対的な権力を持つ気分は最高だなあということで、共和政ローマはローマ帝国に早変わりした。

民主主義制度において、権力の亡者《もうじや》が影響力を持ちすぎないようにした工夫のいくつかはめざましいものだった。たとえば、もしあなたにとってアメリカ選挙人団の制度がややこしくてわかりにくかったら、昔のヴェネツィア共和国に住んでいなくてよかった。ネットで犬を「イッヌ」と呼ぶように、犬のスペルをわざと崩した「ドージ」(Doge)という言葉が、困り顔だがほのぼのとした柴犬につけられて、ネット上の人気画像になったことがあった。それより何世紀も前のヴェネツィアは、おそらくは最もややこしい選挙人制度で選ばれたリーダー、総督(Doge)に支配されていた。

総督は一〇〇人くらいの寡頭《かとう》貴族に選ばれるもので、これはまさに腐敗するのにもってこいの仕組みであるが、一二六八年、選挙の不正工作を防ぐ目的で選挙制度が確立された。これから言うのは、ヴェネツィア総督がどのように選ばれたかである。最初の三〇人の協議会委員がくじ引きで無作為に選ばれた。またくじが引かれて、三〇人から九人まで減らされた。この九人が四〇人の協議会委員を選んだ。その四〇人が一二人までくじで減らされた。この一二人が二五人の委員を選び、それがまた九人までくじで減らされ、これが四五人を選び、一一人までくじで減らされて、これが四一人の委員を選び、すべての過程を一〇回繰り返し、最後にこの四一人が総督を選んだ。

これを息をつかないで、音読してみていただきたい。

どう考えても、実にばかげている。それに、当選者を予測しようとするヴェネツィアの政治専門家たちにとって、ひどい悪夢だったに違いない。だが、ヴェネツィアの寡頭貴族のために言っておくと、この制度は意外と順調に五〇〇年以上続いたのだから、とてもうまくいったようだ（ヴェネツィアの寡頭貴族からしたら、であるが）。一七九七年、ヴェネツィア共和国がついにナポレオン・ボナパルトの手中に落ちたとき、この制度は終わった。

このややこしい制度がヴェネツィアの安定の指針になっている。とりわけ本書を書いているとき、イタリアは戦後七二年間で六五の内閣があり、四三人の首相がいたことを考えればそうである。対照的に、この時期のイギリスの首相は一五人ぽっちだった（どっちの場合も一度以上、首相を務めたので、「首相」というより「首相の職」だが）。この「本書を書いているとき」はとても重要だ。本書の最終締切のとき、ありがたくないことに、イタリアでは毎度のことながら政治的な危機が起こっていた。出版されるときには、イタリアの内閣の数は六六、首相は四四か、それ以上になっているかもしれない。正確に知りたい向きのために、ここにファクトがある。空欄があるので、イタリアにいくつ内閣があったかは最新版の数を書き込んでいただきたい。

イタリアは一九四六年以来、〔　　〕の政府があった。

（現在の数を知るには、howmanygovernmentshasitalyhad.com をご覧ください。鉛筆で書き込んだほうがいいかもしれない）

民主主義の危うさの問題の一つは、感じがよくて心地いいリベラルな民主主義のもとではまったく妥当と思えていた政策が、権威主義の政権に引き継がれたときにすさまじく裏目に出始めることだ。たとえば一九世紀前半のメキシコを例に取ってみよう。スペインから独立したばかりのメキシコ当局は、北部に位置する自国領のテキサスのあまり開拓されていない土地を利用することにした。コマンチェ族の襲撃から守り、アメリカ西部の拡大を食い止めてくれる緩衝《かんしょう》地帯を持ちたかったのだ。そこでメキシコはアメリカの牧場主や農民がこの地に引っ越し、定住することを奨励した。そして、エンプレサリオと呼ばれる入植者斡旋人に広大な土地をまかせた（アメリカとの犯罪者引き渡し条約がなかったことが、メキシコに来る決断をする決定要因になった者もいたはずだ）。

まずいことになるぞとわかり始めたのは、エンプレサリオが大きな政治力を持ちそうなことが明白になってきたときだった。それに、入植者の多くはメキシコ政府の法律に進んで従おうとはしなかった。このことに恐れをなしたメキシコ人たちは、一八三〇年にこれ以上のアメリカ人の移住をあわてて禁じようとしたが、もうあとの祭りだった。国境を越えてなだれ込んでくるアメリカ移民を止めるすべはなかった。

危機の大詰めを迎えたのは、どちらかというとリベラルな政権から、横暴な権威主義者のアントニオ・ロペス・デ・サンタアナの統治に代わったときだった。一八三五年、彼はメキシコ議会を解散させ、国の憲法を大幅に変更したので権力は中央集権化した。その結果、独裁者となり、テキサスでの反発に対する武力阻止に踏み切った。だが、アメリカの移民集団への弾圧は火に油を注いだだけだった。全面的な反乱がいつ起こってもおかしくなかった。一八三六年、アラモでの忌まわしい出来事を含む戦争が終わると、テキサスは独立を宣言した。一八四五年、メキシコはアメリカの拡大を食い止める緩衝地を求めたことで、それより価値あるテキサスを丸ごと失い、拡大し続けるアメリカの一部になっていた。

このことから学べる二つの教訓がある。一つは、「あとになって移民が悪いと言いたてるなら、最初から移民の移住を奨励するな」。もう一つは、「自国がつねに民主主義でいて当たり前と思ってはならない。〈そんなときに限って、そうでなくなる〉」である。

民主主義はむろん、まずは良識ある決断を下す有権者たちがいてこそである。たとえば一九八一年、カリフォルニアのスノール市は、ボスコ・ラモスという黒いラブラドールのミックス犬を市長に選んだ。犬の飼い主、ブラッド・レベルは地元のバーでたわいない話をした晩のあとで、犬を選挙戦の候補に立てた。そして、この犬は二人の人間の候補者を抑え、地滑り的勝利を収めた。ボスコとスノール市の投票者たちのために言っておくが、これは実際にうまくいったようだ。ボスコは利口な犬として広く歓呼して迎えられ、一九九四年に死で幕を閉じるまで一〇年以上を市長として仕えた。ある住人は二〇一三年のサンホセの地元紙「マーキュリー・ニュース」でこんな思い出話をしている。市長は「酒場を軒並みぶらついて、餌をもらえないと唸《うな》り」、街中のいろいろな雌犬が産んだと噂される何匹もの子犬の父となっていた。率直に言って、なんだかこれは人間の政治家に案外ありがちなことではないだろうか。今ではボスコはなつかしい思い出になっていて、スノール市にはボスコのブロンズ像が建っている。在職中はある大きな国際的な事件にかかわっていただけである。天安門での大虐殺のあとで、中国の「人民日報」が西洋の民主主義をくさすべく、「人と犬の区別もつかない」とボスコを引き合いに出したのだ。おかげでボスコは民主主義を支持する中国人学生に担ぎ出され、サンフランシスコの中国領事館前での抗議集会に参加することになった。

犬のボスコが選挙で市長になったことは、予想外だったかもしれない。だが、ボスコでさえ人間以外の最も奇妙な当選者ではなく、その名誉にあずかるのはおそらくプルバピエスだろう。プルバピエスは一九六七年にエクアドルのピコアサの町長に選ばれた足のパウダーの銘柄である。プルバピエスは公的に選挙に立候補してさえいなかったが、製造会社がふざけた販促キャンペーンを国中で行った。スローガンは、「お好きな候補者に投票を。でも清潔で健やかでいたいならプルバピエスに清き一票を」。選挙日が来ると、この足パウダーはエクアドルのいくつもの地域で、そしてピコアサでも候補者名簿に載ってない記入投票を何千票も獲得し、どういうわけか人間の候補者を何人も差しおいて当選した。

それでも、人間以外の政治家を選ぶのと同じくらい型破りで、本当に心に残る民主主義的な失敗をしたいなら、最も良いのは、それでもなお人間を選ぶことだ。エクアドルの最近の歴史上、足パウダーの商品が町長になるのは最悪な選挙の決定でさえなかった、という事実がそのことを端的に示している。

代わりにその名誉はおそらく、一九九六年にエクアドル大統領として選ばれたアブダラ・ブカラムに行くだろう。ブカラムは元警察の検査官であり、市長であり、ときおりロック歌手だった。選挙活動での自称は「エル・ロコ（狂った男）」。警察の検査官として、彼は「ミニスカートの女たちを追っかけ、スクーターから飛び降りると、裾をほどいてスカート丈を伸ばす」ことで悪評高かった。選出されたとき、「ニューヨーク・タイムズ」紙はそう報じた。また、市長をしていたころ、地元の会社や店をゆすって金を巻き上げたという記録もあり、一九九〇年には汚職容疑を逃れるため、パナマに高飛びした。大統領選に出馬中、ブカラムはよく歌を歌い、選挙活動に行く先々にかならずバンドを連れていた。この型破りな政治集会と選挙の宣伝は国の労働階級の支持を得た。彼の公約は国の政治階級がかかわっていた民営化や緊縮財政といった新自由主義の政策に終止符をもたらすことだった。他の政治家にとって、こうしたことは政治生命の終わりを意味していたかもしれない。ヒトラーみたいなちょび髭《ひげ》を蓄え、『我が闘争』が愛読書だと言ったこともあったが、そのことはたいして選挙戦を勝ち抜く妨げにならなかった。

ブカラムが権力の座につくと、彼に投票したエクアドルの貧困層は、就任数ヶ月目に公表された経済の計画にいくぶん驚いた。それはまさに、ブカラムがやめると公約した新自由主義の政策で、民営化に輪をかけ、緊縮財政を倍加させる計画だったからだ。しかも、ブカラムは大統領権限の期限まで取り払おうとした。そのうえ、経済政策を告知する演説をしていたときには台本からそれて、ブカラムに批判的だった新聞社に長いこと悪態をついていた。

就任中は奇抜なふるまいを続けた。たとえば、「恋する狂人」というタイトルの歌をリリースしたり、夫のペニスを切り落としたことで世に知られた女、ロレーナ・ボビットと会ったり、ヒトラーのちょび髭のようなものを募金活動で売ったりした。しかも、そのときのメディアの報道が正しかったなら（また繰り返すが、はたしてどの非難が本当で、どれが根拠のないゴシップなのかは見分けにくい）、一〇代の息子を税関の非公式な責任者にして、息子が最初の何百万ドルかを稼いだことを祝うパーティーを開いたと言われている。そのころ、エクアドルの最低賃金は月三〇ドルだったのだから、これがどんなに庶民の神経を逆撫でしたかはお察しのとおりである。

当然ながら、世論はにわかにブカラムへの反発を強め、彼の統治に抗議する街頭集会をうながし、たった半年の任期で弾劾《だんがい》されて、大統領の職を剝奪された。剝奪の理由は「心神喪失の状態」だった（ほぼ確実にただの言いがかりだったが、ブカラム自身が自称「狂った男」として選挙活動をしたからには反論のしようもない）。ブカラムはまた、何百万も横領して、ふたたびパナマへ高飛びした。

このことから得られる教訓はいろいろあるが、おそらく中心となるのは、「ヒトラーさながらのちょび髭の男は、もしかしたらちょっとまずいかも？」

ヒトラーと言えば……民主主義が恐ろしく間違ったほうへとめまぐるしく突き進んでしまう可能性を秘めていることを、この男抜きに語ることはできない。

初めからばかにされていたヒトラー

わかっている。読者のあなたが何を思っていらっしゃるかは承知のうえだ。本書にヒトラーを取り上げ、人類史上最悪な過ちを犯したと書くのは、そう大胆なことではない。そう書いたところで、「すごい。ヒトラーなんて聞いたこともなかった。こんなに興味深い歴史上の人物はいないよ」と感心されることはないだろう。

だがヒトラーが集団虐殺マニアだという一目瞭然の事実にも増して、その統治についてありきたりなものの見方をして見過ごしている面がある。私たちは長いこと大衆文化のなかでヒトラーをものまね対象として笑ってきたが、それでもなお、いまだにナチスが冷酷で能率のいい機械のような組織だったと信じ、偉大な独裁者は時間の大半をもっぱら「独裁」に費やしていたと思いがちである。だからこそ、ヒトラーが実際には無能で怠け者で自己中心的な男で、彼の統治は道化師のショーさながらであったことはおぼえておくといい。

事実、ヒトラーがこんなふうだったことは、権力の座につくことを助けたかもしれない。ヒトラーはドイツのエリート層につねにばかにされていた。ヒトラーの演説は粗野だったし、政治集会は悪趣味だったので、首相になる前、ライバルの多くは彼を鼻で笑い、まともに取り合うことはなかった。ある雑誌編集者はヒトラーを「哀れな大ばか者」と呼び、ほかの者はヒトラーの党は「無能な連中の集まり」で「お祭り騒ぎの党を買いかぶる」べきではないと書いた。

選挙によりナチスがドイツ国会で最大の党になってからも、人々はヒトラーをくみしやすいまぬけだと考え続け、壮言大語のばか者で、並みいる賢者にたやすく操られてしまうだろうとたかをくっていた。ドイツ首相の座を剝奪されたばかりのフランツ・フォン・パーペンは権力を取り戻すために苦渋の決意をして、ヒトラーを駒として使えると思い、連立政権をつくる話し合いに入った。ヒトラーが首相でフォン・パーペン自身は副首相となり、内閣にはフォン・パーペンの保守層の仲間たちがいる、という取り決めが一九三三年一月になされてから、フォン・パーペンは勝利に自信があった。まずいことをしでかしたなと忠告する知人にたいし、「私たちはヒトラーを雇ったのだ」と安心させ、ほかの友だちには「二ヶ月もしないうちに、ヒトラーは隅っこに追いこまれてきいきい泣いているだろう」と告げた。

ところが、そうはならなかった。事実、二ヶ月もしないうちに、ヒトラーはドイツの支配権を完全に掌握し、議会を説き伏せ、憲法も大統領権限も議会そのものまでをも迂回して、ヒトラーに権力を与える決議を通させた。民主主義だったものが突如として、もう民主主義ではなくなっていた。

どうしてドイツのエリートたちは、そこまで一貫してヒトラーをあなどったのだろう？　おそらく能力評価では、彼らはとても正しかった。ただ、能力のなさがヒトラーの野望の妨げにならないことは見落としていた。蓋《ふた》を開けてみたら、ヒトラーは政府を運営するのがとても下手だった。ナチスの出版部長だったオットー・ディートリヒは、のちに『私が知るヒトラー』という回想録のなかで、「一二年間のドイツ統治で、ヒトラーはそれまで文明化された国で起こりえなかった最大の混乱を政府に引き起こした」と書いた。

ヒトラーは書類に目を通すことを嫌がり、補佐官が用意した書類には目もくれないまま、重要な決断をくだすのがつねだった。部下は政策について話し合いをしたくても、そのときの気まぐれで心に浮かんだ長話を一方的に聞かされるばかりだった。それが終わるまで仕事を進めることができないのだから、これにはほとほと嫌気がさしていた。

ヒトラーの統治はつねに混乱を極め、官僚は彼が何をさせたいのかさっぱりわからなかったし、誰が何を担当しているのかをはっきりとわかる者は誰もいなかった。困難な判断を下すように迫られたときは、むやみにぐずぐずと先延ばしにして、しまいにはヤマ勘にすがることがよくあり、腹心の仲間たちでさえ、どうしたいのかはわかりかねた。ヒトラーの腹心の友、エルンスト・ハンフシュテングルがのちに回想録『白と茶の家の間に』に書いたように、ヒトラーが「どんなに当てにならないかは、ともに働く者たちを苛立たせた」。つまり、ヒトラー周辺は国の政務を執行するより内輪揉めと裏切り合いに明け暮れていたのだ。それがヒトラーに認められようとしてか、逆に目をつけられないためかは、その日のヒトラーの機嫌次第だった。

はたしてこれはヒトラーが自分のやり方を押し通すための意図的な手口だったのか、それとも、ただ本当にマネジメントがどうしようもなく苦手だったのか。これについては、歴史家の間で少しばかり議論になっている。ディートリヒ自身は、組織を分裂させて混乱の種をまく巧みな戦略だと見ていた。そして、ヒトラーがそうするのに長けていたことは否定できない。だがヒトラーの普段の癖を見てみれば、これはただ、仕事嫌いのうぬぼれ屋に国の責任をまかせた当たり前の結果だったという感はぬぐえない。

ヒトラーは驚くほど怠惰だった。副官だったフリッツ・ヴィーデマンによると、ベルリンにいるときでも、朝一一時過ぎにならないと寝室から出てこなかったし、昼食前は新聞記事が自分をどう言っているかを読むことを除いて、たいしたことをしなかった。だが、ベルリンにいることでさえあまり好きではなかった。人々がいろいろなことをさせたがるからだ。ヒトラーはベルリンを離れる機会さえあれば、どんな機会も利用し、地方の避暑地オーバーザルツベルクを訪れた。そこではもっと怠惰だった。午後二時になるまで部屋を出ることさえなく、散歩か映画鑑賞におおかたの時間を割《さ》き、就寝は翌日の夜明け前だった。

ヒトラーはメディアに執着していた。そしてセレブを自認し、メディアのレンズを通して自分を見ることがよくあったようだ。自分のことを、「ヨーロッパきっての偉大な俳優」と呼んだこともあり、友人への手紙に「私の人生は世界の歴史で最も素晴らしい小説だ」と書き送った。日ごろの癖は変わっているか、子どもじみていた。ヒトラーには昼寝の習慣があり、晩餐《ばんさん》の席で爪を嚙《か》む癖があった。また、甘いものに目がなかったため、「並はずれた量のケーキ」を食べ、「紅茶の隙間もないほどたっぷり角砂糖を入れて」いた。

ヒトラーは知識のないことに極端に自尊心が傷つきやすかったために、自分の思い込みと食いちがう話には耳をふさぎ、まともな知識の持ち主には食ってかかった。誰かがおのれの発言の誤りを正そうものなら、「虎のごとく怒った」ようである。「事実が自分に合わないからといって、ただちに怒りくるう人物に真実を告げることなどできるだろうか？」とヴィーデマンは嘆いている。ヒトラーは人に笑われることは快く思わなかったが、それでいて他人を笑い種《ぐさ》にすることは楽しみ、嫌いな人物をまねしてみせた。また、自分が見下している連中にも褒められたくてたまらなかった。そして新聞記事で称賛されると、とたんに気を良くするのだった。

ヒトラーがこんな人物だったことは当時、とりたてて内密でもなければ、知られていない話でもなかった。だからこそ大勢がヒトラーをただの「半狂人のごろつき」だの、「酒びたりの酔っ払いのような喋り方をする男」だのと呼び、事態がもはや手の打ちようがない時点に行き着くまで、まともに取り合わなかった。彼らの見識はある意味で正しかった。これとは別のもっと重要な意味では、どこまでも間違っていた。個人としてのヒトラーにどれだけ欠陥があろうとも、政治の場で大衆受けのいい熱弁をふるう天性の勘を発揮することはできた。このことから、恐ろしいことをしでかすのにことさら有能で機能に優れた政府でなくていいことがわかる。

何かおぞましいことが起こると、私たちはその背後に統制の取れたインテリジェンスがあったに違いないと想像しがちである。そう思うのも無理はない。天才的な悪人が裏で糸を引いているのでなければ、そこまでひどい事態に陥るはずはないだろうと考えるからだ。このことのまずい面は、天才的な悪人が身のまわりにいなければ、〈何も問題はない〉から安心できる、と思いがちなことである。

この考えが大はずれだということは歴史からよくわかる。これこそ私たちが何度も何度も繰り返してきた過ちである。歴史上、前代未聞の最悪のできごとの多くを引き起こしたのは、天才的な悪人ではない。まぬけどもや頭のいかれた連中が引き起こしたのである。まぬけな男が手前勝手な裁量で政権を支離滅裂に振りまわし、自分ならこのまぬけを手のひらで転がせるとあなどった自信過剰な側近が、そこまで至る道のりを助けたのだ。

あまりうまくいかなかった六つの政策

人頭税

マーガレット・サッチャーの政府の最高に賢いお歴々が、これこそ公正な税だと思ったやり方を思いついた。金持ちだろうと貧乏人だろうと、同額を支払うというものだ。この結果、失業が増え、大規模な暴動が起こり、しまいにはサッチャーは辞任に追いこまれた。

禁酒法

アメリカは一九二〇年から三三年までの間、酒を飲むことを禁じるために禁酒法を行って、飲酒をする人たちを減らした。だがこのせいで、飲酒業界を独占する犯罪組織が台頭し、多くの地域で犯罪が急増した。

コブラ効果

インドのデリーの害獣を減らそうと、イギリス政府は死んだコブラに報酬を出した。だから、人々は報酬ほしさにコブラを育てた。これに困ったイギリス政府は報酬を出すことをやめた。だから、人々は価値のなくなったコブラをそこらへんに放した。結果は、前よりコブラだらけ。

スムート・ホーリー法

一九三〇年、大恐慌が襲いかかると、アメリカは輸入品に高額な関税をかけ、国内産業にテコ入れをしようとした。だが、そうなる代わりに貿易戦争になり、グローバルな恐慌を悪化させただけだった。

精神障害のある孤児

一九四〇年から五〇年にかけてカナダのケベック州で、政府が教会のグループに交付金を出し、精神障害のある孤児たちのケアにあたらせたところ、精神科医への支払いが倍に跳ね上がった。つまり水増しのために、何千人もの孤児が不正に精神障害だと診断された。

本日走行不可

一九八九年、メキシコ市は大気汚染を減らそうと、決められた日に特定の車種の運転を禁じた。まずいことに人々はバスを使う代わりに、いつでも法的に運転できる車をもう一台持つようになった。つまり、ただ車の台数が増えただけだった。

第6章　人類の戦争好きは下手の横好き

人類は戦争が好きでたまらない。いろいろな意味で、戦争は私たちの「好み」のものである。考古学的な記録上、組織だった集団暴力の最古の痕跡は一万四〇〇〇年前のナイル流域のジェベル・サハバにさかのぼるが、率直に言って、私たちはおそらくこれよりはるか昔から何らかの戦いをし続けてきたのだろう。何章か前で話したように、メキシコのオアハカにある痕跡は、人々が村で暮らし始めるとすぐ、ある村がほかの村を襲撃したことに始まって、そこから急速に争いに拍車がかかったことがうかがえる。

知られているかぎり、あらゆる社会の九〇％から九五％は絶えず戦争を続けてきたと推定される。それをどうにか避けている社会は、どちらかというと孤立していて、遊牧、狩猟、採集の生活様式にとどまる傾向にある。

だが、これには一つの明らかな歴史的な例外がある。メソポタミア文明やエジプト文明とだいたい同じ時期に起こったハラッパー文明は、五〇〇〇年前からインダス川流域に存在していて、現代のアフガニスタンとパキスタン、そしてインドにまたがって伸びていた。ハラッパー文明は高度に進んだ社会で、何百万人もの人口を抱えていた。そこにはいくつもの大都市があって、洗練された都市計画もあれば、配管やトイレや浴室などもあった。革新的な技術もあれば、広域で取引される芸術を産み出した文化もあった。それなのに、基本的に戦争はまったくなかったようだ。考古学者たちはハラッパーの都市の遺物を一〇〇年かけて発掘してきたが、居住地が襲撃されたり、破壊されたりした痕跡はほとんどなく、重要な城塞や防御物がわずかにあるのみだった。ハラッパー文明の芸術には戦争が描かれていない。しかも、軍隊や大量の軍事兵器のようなものは何も見つからなかった。興味深いことに、同時期に比肩して栄えたほかの文明とは違い、偉大な統率者の記念碑もそれほど見つかってはいない。

こうした理由で、ハラッパー文明が理想化されたヒッピーのはしりのように描かれることがある。なかなか耳当たりのいい考え方だが、おそらくは現実的でなく、希望を込めた夢物語にすぎないだろう。のんびりとしていて、隣国との折り合いがよかった社会のように思えるが、侵攻を目論んだ国から地理的に守られていたおかげで、戦争になりにくかったのかもしれない。それに、むろん、ただ私たちが戦争の痕跡をまだ見つけられていないだけ、という可能性も残っている。この文明は平和主義だという評判を勝ちえたあとで、その評判をすっかり台なしにするものが発見されることはよくあることだ。ハラッパー文明の文字はまだ正確に解読されていないので、いつか解読されて、わが眼を疑うこんな記述を見つけるかもしれない。「愉快だなあ。戦争の痕跡をきれいさっぱり隠し、未来の考古学者たちに一泡吹かせてやろう」

それでも、今のところ、ほかの初期の文明が戦争と征服に明け暮れていたのとまったく同時期に、ハラッパーの社会は大きな外部との衝突に巻きこまれることなく、七〇〇年もの黄金時代を謳歌したように思われる。そして理由はわかっていないが、ハラッパー文明はただ……次第に歴史から消えていった。人々は街から引っ越し、野山へ戻り始めた。紀元前二二〇〇年ごろの気候変動のせいで初期のいくつかの文明は衰退し、インダス川流域はそれまで以上に乾燥して不毛な土地になった。人口過多な場所で過耕作をしたことで食糧難になったのかもしれないし、人口が密集している都市では感染症にかかりやすかったのかもしれない。原因が何であったにしても、都市は三五〇〇年前にほとんどすっかり放棄された。人類の長い歴史から見たら、反戦を貫いていたかもしれない時期はほんの一瞬で終わりを告げた。一方で、これ以外の世界の文明は成長を続け、戦争をし続けていた。

こう考えるのはどうにも不謹慎だが、もしかしたらハラッパー文明の大いなる過ちは戦争をしなかったことであり、戦争は文明が存続していくために必要なのではないだろうか。以上は本日の「心が明るくなる言葉」でした。

今、私たちはどちらかというと歴史上の平穏な時代に生きているが、それでも戦争の一つや二つは起こっていることに気づくだろう。世界における戦争での年間死者数は、ここ数十年、下り坂にある。この事実から、国際的な平和と理性と友情の新時代に入ったのだと言う者もいる。だが率直に言って坂道は所詮、第二次世界大戦での史上最悪のピークから下がっているだけだから、そう言い切ってしまうのは時期尚早だろう。人類はまたもや、やらかし始める前に、ちょっぴり息抜きをしているだけかもしれない。

失敗についての本書で、あらゆる戦争はある程度までとてつもない大失敗をしでかした誰かの責任であることは自明の理であると願いたい。そして、戦争はすでにそれ自体がとても悪いことだという事実に加えて、戦争の混乱、視野狭窄《きょうさく》、ことさらに男くさいふるまい全般もまた、こっぴどく失敗できる人類の生来の能力をさまざまな方法で高めてきた。戦争は一気に頭に血をのぼらせるもので、換言すればしくじりの中心だ。

カディスの戦いほど、このことを端的に示しているものはない。この戦いは「カディスの酒盛り」と改名すれば、もっとしっくりくるだろう。一六二五年、イングランドはスペインを徹底的にやっつけることに決めた。イングランド王のジェームズ一世（スコットランド王としてはジェームズ六世。王国の統一と聖書編纂の委任、そして、魔女狩りでよく知られている）は亡くなったばかりで、すでに大人になっていた息子チャールズ一世が跡を継いだ。チャールズ（最後には処刑されてしまうほど如才ない立ちまわりと判断力を見せた人物）は、スペイン王女の一人と結婚できなかったことを根に持って、どうにか恨みを晴らしたかった。それで、腹いせに友人たちと伝統のお家芸をすることにした。アメリカ大陸から戻ってくる途上のスペイン船に海賊行為の奇襲をしかけて、金銀を略奪することにしたのだ。

その年の一一月、一〇〇隻の船と一万五〇〇〇人の兵士からなるイングランドとオランダ連合の遠征艦隊は、南西スペインのカディス湾への寄港を余儀なくされた。目的は略奪で、問答無用でそうするつもりだった。そもそも遠征艦隊がカディスにいたのは、あまりに段取りが悪くて、スペイン船がアメリカ大陸から財宝を積んで戻ってくるのに間に合わず、船を見失ってしまったからだった。それでもまだ、元を取るつもりでいたのだ。

あいにくカディスに着く前に、食料も飲料も足りないことがわかり始めた。このため、侵略軍が上陸すると、遠征艦隊の司令官サー・エドワード・セシルは腹ぺこの兵士たちに、戦いより食料の調達を優先させることにした。当然、兵士たちは海外のイングランド人におなじみの定番のことをした。まっしぐらにカディスのワインの備蓄に直行したのだ。そして、べろべろに酔っ払った。

兵士たちがすっかりできあがっていることに気づいて、セシルは計画をうち捨てるという分別ある決断をした。そして船に戻って、すごすごと国に戻るように命じた。大半はそうしたが、約一〇〇〇人は酔い潰れて、そのままカディス周辺でだらだらとしていた。そのうちにスペイン軍が現れて、全員が殺害された。

こうしてイングランドはカディスを侵略し損ねた。

イングランド人のカディスでの手柄は、軍隊の歴史上、軍隊の最も素晴らしい失敗のリストによく現れる。だが正直に言って、兵士たちが殺されなかったなら、それは本当に素晴らしい旅のようだ。皆で遠出して、食べ物が足りず、ご当地ワインをしこたま呑み、その間にどこかへしけ込んで姿を消す連中もいる。よくある休暇ではないか。これが戦争でなく、ただ大集団を互いの国に送り合い、酒を酌み交わし、町でそぞろ歩きを楽しむ、ということを何年かに一度することにしたら、世界はおそらく今よりずっと幸せな場所になるだろう。これを書いている今、これぞ本質的にＥＵであるという考えが心をよぎった。

酒というものが、戦場での最高にまぬけな名誉を与えた決定的瞬間に、どんなに中心的な役割を果たしているかを知ったら驚くだろう。一七八八年、本当は戦いではなかった「カランセベシの戦い」がそうだった。これは敵が姿を見せることさえなかったのに、オーストリア軍が戦闘で大きな敗北を喫したことで知られている。事実、オーストリア軍の敵オスマン帝国の軍隊はやや遅れてそこにやってきて、自分たちが戦っていたことを初めて知ったのだ。

正確に〈何が〉起こったかについては不透明なところがある。ある程度明白なのは、オーストリアの軍隊はトルコ人があとをつけてくるのではないかと目を凝らしながら、カランセベシュ（現代のルーマニア）の町を抜けて夜中に撤退したことである。この時点で、事件の説はさまざまに分かれる。一つの説は、ルーマニアのワラキアの地元部隊が、どさくさに紛れて小荷物列車を略奪したくて、トルコ軍がやってきたという噂を広めたというものだ。別の説は、騎兵隊の将校たちの一団がブランデーを荷車いっぱいに載せたワラキアの農民に出くわし、その日の騎馬の疲れを癒すために一息つくことにした。しばらくして歩兵隊の一団がやってきて、そのブランデーは歩兵隊にも分けるつもりかと当てつけに尋ねたとき、事態が一転して……物騒な状況になった、というものだ。

原因が何であれ（話はまちまちであっても、どの部隊もほかの部隊のせいにしようとしているのは明白である）、ほとんどの情報源で同一と思われるのは、誰かが空に一発撃ち、ほかの誰かが「トルコ人だ、トルコ人が来たぞ！」と叫んだときに話が大詰めにさしかかることだ。騎兵隊の兵士たち（おそらくは酔っ払った）がこれは一大事だと考えて、彼らも「トルコ人だ、トルコ人が来たぞ！」と叫びながら馬で駆けまわった。そして、皆が慌てふためき、空想上のトルコ軍から逃れようと必死になり始めた。暗闇の中で混乱し、酒の酔いも加わっていたのだろう、二つの部隊の隊列が交錯し、どちらの部隊も相手が容赦ない敵だと思い込んで、やみくもに銃を撃ち合った。

本当は攻撃をしかけているトルコ人などどこにもいないと皆が気づいたころには、大勢のオーストリア兵たちは逃亡し、荷馬車も大砲もひっくり返り、物資のほとんどはなくなったか、使い物にならなくなっていた。トルコ軍は翌日やってきて、大勢のオーストリア兵の死体と、軍の野営地に散らかった残骸を見つけた。

どれだけ損害が出たのかについては、情報源により驚くほど異なっている。ある情報源は単に「大勢」が死傷したと言っている。ほかの情報源は一二〇〇人が怪我をしたと言い、オーストリアの統治者、皇帝ヨーゼフ二世は手紙の中で、「すべての鍋やテントだけでなく……三つの大砲も」失ったと嘆いている。この戦いについての最もよく知られた説明は一万人近い死者が出たことだが、これはほぼ確実に話に興《きょう》を添えるために誰かが色づけした数だ。結論としては、何かが起こり、死者が出たかもしれないし出なかったかもしれないが、誰もが同意するのは事件がきわめてばかげていたことである。

これは俗に「戦場の霧」と言われるものだ。霧は不透明さや不確定要素を表している。

このほかの自滅した軍隊の好例は、アメリカの南北戦争でのピーターズバーグの戦いで起こった。北軍は勝利に導くはずだった戦術を、ことさらに突飛な方法で不面目な敗北にしてしまった。北軍は南軍を城塞から出られないようにしたうえで、一ヶ月かけてその壁を爆破するとどめの一撃を周到に準備した。それは心血を注いだ作戦で、南軍の城塞の下に直接五〇〇フィート〔約一五〇メートル〕の縦坑を掘り、大量の爆発物をしかけるものだった。

一八六四年七月三〇日午前の早い時間に壁が爆発したとき、その爆発の規模の大きさに、皆が腰を抜かしたようだ。何百人もの南軍兵士が落命し、巨大な穴ぼこができていた。長さ一七〇フィート〔約五二メートル〕、深さ三〇フィート〔約九メートル〕もの穴を、約一〇分間、ぼう然と見つめたあとで、北軍の兵士たちは戦いをしかけた。だがあいにく、この兵士たちは壁を爆破できたあかつきに要塞を攻める手はずを、何日もかけてみっちりと訓練していた兵士たちではなかった。なぜなら、訓練されていた兵士たちは黒人だったため、体裁を気にかけた北軍の司令官が、土壇場になって部下たちに、黒人兵士を白人兵士に替えるように命じたからだである。訓練されていなかった白人兵士たちは南軍の陣地に駆け出し、そのまま穴に落ちていった。

もしかしたら穴がちょうどいい隠れ蓑になって、南軍からの攻撃を防いでくれると考えたのかもしれない。だが、そうはならなかった。南軍兵士たちが爆発の衝撃から立ち直り、体勢を整えて、巨大な穴の中を覗き込むと、そこには出られなくなった北軍兵士が大勢いた。それなのに、あとから続々と北軍の援兵が駆けてきて、どういうわけか同じようにみすみす穴に落ちていった。南軍の司令官はのちに、どんくさい七面鳥を撃つのと同じくらい楽勝だったとうそぶいた。

このことから学べる軍事戦術の大事な教訓は、地面に開いた巨大な穴に向かって歩いていってはならない、である。

もう一つ、新進の軍事戦略家向けの本質的な教訓がある。それは戦時のコミュニケーションは何をおいても大切で、これが生死を分かつということだ。一八九八年にグアムはこのことを思い知った。この米西戦争でスペインが、戦争の勃発を植民地に伝え忘れていたときのことである。

スペインの落度の結果、こんなことが起こった。アメリカの戦艦の小戦隊は太平洋に浮かぶ島、グアムに近づいた。どうして何の防衛もなされていないのだろうといぶかりながら、サンタクルスの旧スペインの要塞に向けて大砲を一三発打ち込むと、グアムの高官たちはそれを受けて戦艦に向かって小舟で漕ぎ出した。そして、アメリカの気前のいい挨拶に礼を述べ、島のほかの場所から大砲を移動させる必要があるのでお返しの礼砲はできない旨を詫びた。

しばしの気まずい沈黙ののち、アメリカ人たちは、「挨拶をしたのではない。戦争中だから戦おうとしたのだ」と告げた。グアムの高官たちは、はからずも自分たちが戦争捕虜になっているとわかって、いささかむっとした。そして、スペイン本国から二ヶ月間以上、何の連絡もなく、戦争中だなどとは露ほども知らされていないと伝えた。両者はこの事態をどうすべきか、しばらく話し合った。そのかたわらで、アメリカの戦艦の艦長と昔なじみだとわかった地元グアムの商人が、立ち話に花を咲かせていた。

グアムは数日後に公式に降伏し、それ以降はアメリカ領土となった。

人類は「歴史の過ちを繰り返さない」ことが得意ではない。それでも、これからお話しする一九四一年の例ほどあからさまな大失敗は、めったにない。ヒトラーはナポレオンが一二九年前に犯した致命的な過ちと寸分たがわない、まったく同じ轍《てつ》を踏んだ。どちらの場合も、順風満帆でヨーロッパ全土を征服しかけていたのに、とんだ番狂わせをしでかしたのだ。当然ながら、その過ちはロシアを侵略しようとしたことだった。

ロシア（このころロシアは存在しなかったから、実際はキエフ大公国）に対して歴史上、本当にうまくいった大規模な侵略は一度きりで、モンゴル帝国によるものだった。そして、モンゴルは他国を征服するにあたって、かなり独特だった（これについては、のちの第8章で紹介する）。ポーランドはどうにか短期間はそうできた（そして二年間はモスクワを手中に入れた）が、それでもあとで押し返された。一度、スウェーデンがそうしようとしたときには、とてつもなく手痛い結果を被り、事実上、バルト帝国の終焉を助ける敗北を喫した。基本的にここで得られる教訓は、ロシアだけは征服しようとするなということだ。

二人の統率者をくらべたら、計画を成し遂げるための理論的な理由づけは、ナポレオンのほうがヒトラーよりもわずかばかりましだった。まず、ナポレオンには役立つ手本となるような過去の失敗例がなく、勝利への大いなる自信に満ちあふれていた。それまでナポレオンの大陸軍が、娯楽バスケのハーレム・グローブトロッターズ並みの連戦連勝を叩き出していたことを考えれば当然で、ナポレオンの自信はあらゆる根拠に裏打ちされていた。加えて、ロシアの皇帝アレクサンドル一世に対し軽い不満があった。ヨーロッパ制覇を完璧なものにするにはイギリスだけが玉に瑕《きず》で、そのイギリスに対してナポレオンがしていた経済封鎖を、皇帝が密かに破っていると思っていたからだ。もちろん、だからといって禁輸措置へのごまかしは、大国と戦火を交えるほどの大きな理由ではなかったはずである。仮にナポレオンが大きな過ちを一つ犯したとしたら、自分の望みを通すやり方が終始、「ならば戦争だ」だったことだ。外交や交渉はナポレオンの強みではなかった。

すでにイギリスかロシアの〈いずれか〉を侵略するという決断は先になされていて、少なくともロシアは地続きだから、イギリスより攻め落としやすいと思ったに違いない。ロシアの気候では攻略の猶予が三ヶ月間しかないとわかったうえで、ナポレオンは戦略を思いついた。のっけからモスクワめがけて進軍し、そこでロシア軍とのつばぜり合いに持ち込んで勝利するのだ。幸いにも、わが軍の兵士たちは士気が高く戦術に長けているので、特権階級に命じられてかき集められた寄せ集めのロシアの傭兵などとはわけが違う、とナポレオンは考えた。

残念なことに、これは一見して名案のようだが、敵がこちらの期待どおりに動いてくれるかどうかは相手次第の計画の一つだった。意外にも、ロシアはフランス軍の進軍をあっさりと許した。ロシア軍は退却し、さらに退却し、どこであってもできるかぎり大きな戦闘は避け続けた。そして野原を焼きつくしたので、フランス軍は食料の調達ができないまま冬の到来を待つことになり、冬がロシア軍の代わりになすべきことをした。ナポレオンが戦いの全体像に気づいたころにはロシアを出るには遅すぎて、厳しい冬の寒波が襲いかかってきた。こうしてフランス軍は長くてつらい死の行進を余儀なくされて、死に体の軍隊とともに国に戻った。ヨーロッパの国々は、それまではひたすら強かった軍隊に、思いがけず弱さを見てとった。そして、これがナポレオンの命運の終わりの始まりだった。

一九四一年、ヒトラーもこれと同様な状況にいて、イギリスを侵略するのは厄介だとわかった。島国は海を渡らないといけないからだ。それで彼もまた、代わりにソ連を短い夏の好機に侵略することにした。当時、ソ連との間に不可侵条約があったが、一方でヒトラーはナチスだった。ソ連は共産主義だから、ヒトラーはソ連を嫌っていた。

ヒトラーは実際にナポレオンの戦略を研究し、同じ過ちを避ける賢い計画を思いついたと思った。すべての部隊をモスクワに送るのではなく、三手に分ければいいと考え、レニングラードとキエフと

1944 年、ロシアでのドイツ軍の撤退。Getty Images: Hulton Archive

モスクワを攻めた。そしてナポレオンとは違い、冬の兆しがあったときに退却せずにとどまって戦った。だが、どちらも破滅的な選択だった。ヒトラーにわかっていなかったのは、戦術に違いがあったかもしれないが、短期決戦の大激戦でこてんこてんに叩きのめして勝つことで敵を陥落するという基本的な計画はナポレオンと同じだったし、計画の欠陥もナポレオンと同じだった。つまり、敵がこちらの筋書きどおりに動いてくれるかどうかにかかっていて、敵がどういうわけかそうしなかった場合の次善の策はなく、ロシアの冬の厳しさはすっかり無視していた。

ドイツ高官にこの欠陥を指摘できる者は大勢いたが、異議や懐疑論の気配を嗅ぎとると、ヒトラーはすぐに計画を内密にするか、見え透いた嘘でごまかした。傲慢さと希望的観測と現実逃避にもとづいた決断のプロセスだった。

戦略の欠陥はナポレオンのときと同じで、結果も似たり寄ったりだったが、このときはさらに壊滅的な打撃を受けた。ドイツ軍はいくつかの戦闘に勝ち、ソ連の広大な領土を次々と獲得したが、ソ連がドイツの筋書きどおりに陥落することはなく、焦土作戦に出られたドイツ軍は、冬になるまで泥沼に引きずり込まれた。この時点で、ドイツ軍には防寒着も食料の蓄えも戦車の不凍剤もなかったにもかかわらず、極寒のロシアにとどまって撤退せずに戦えというヒトラーの命令は、それまで以上のどんな勝ち星ももたらさなかった。ただ、より多くの兵士の命を奪っただけだった。二度目のことだが、ヨーロッパ大陸の完全制覇まであと一歩だった軍隊は、わざわざ不必要にロシアを侵略しようとしたせいで、破滅的に弱体化した。そして、これが戦局を変えた。

これには余談があって、当時ドイツと同盟を組んでいた日本も、独自の詰めの甘い杜撰《ずさん》な発想で真珠湾攻撃に乗り出し、せっかく戦争にかかわらないように身を引いていた超大国を、わざわざ不必要に戦争に引きずり込んでいた。ドイツと日本のこの二つのはなはだ残念な選択がなかったら、ややもすると枢軸国側が戦争に勝っていたかもしれない。考えようによっては、人類の決断能力が目も当てられないほど残念なおかげで、長い目で見たら最良の結果になる場合もある。少なくとも、あなたがヒトラー総統の崇拝者ではないと仮定しての話だが。

それで、アメリカと日本は太平洋で戦うことになった。戦争の霧には「不透明」という隠喩的な意味があるだけでなく、本当に霧がかかわることもある。それがキスカ島の例だ。キスカ島はだいたい日本とアラスカの中間地点（実際はちょうどアラスカ州の端のほう）に位置する何もない無人島だが、戦略的には重要な島である。これは第二次世界大戦たけなわの一九四二年に日本が占領した二島のうちの一つだった。このことがアメリカを戦慄させた。たとえ島が極端に小さく、アメリカ本土から遠く離れていても、自国の領土が占領されたのは一八一二年の英米戦争以来、初めてのことだったからだ。

一九四三年の夏、三万四〇〇〇人のアメリカとカナダの連合部隊が、キスカ島を奪還する作戦に備えていた。彼らはまだ、キスカ島付近で起こったアッツ島奪還の戦いで受けた傷が癒えず、疲れ切っていた。それは過酷で血なまぐさい戦いで、日本軍は全滅するまで戦った。作戦の指揮官たちは、キスカ島での戦いがアッツ島と同じくらい過酷なものになると確信していた。連合軍が八月一五日に上陸したとき、キスカ島は凍てつく濃霧が垂れ込めていた。兵士たちは酷寒のなか風雨が吹き荒れて視界ゼロという地獄じみた状況で、岩だらけの島を地雷やブービートラップを慎重に避けながら、一歩また一歩と足の感覚だけを頼りに踏みしめていた。そのとき、目に見えない敵からの銃撃の炸裂がまわりの霧の闇を照らした。兵士たちは二四時間ずっと狙撃兵による砲火をよけ続け、島の中心に向かう上り坂を重い足取りで少しずつのぼっていた。そのとき、大砲のくぐもった爆発音が響きわたり、早いピッチの銃撃戦の音が間近で聞こえた。誰かが命令か噂を伝えようとして、聞き取りにくい声で「日本軍がそばにいるぞ」と叫んだ。

死者を数えたのは翌日になってからだった。二八人が死亡し、五〇人が負傷していた。そして、そこにいたのは味方だけだという真実に気がついた。

日本軍は約三週間前に島を放棄していた。アメリカとカナダの合同部隊は味方同士で撃ち合っていたのだ。

これはおそらく、不運だが理解できるしくじりとして語り継がれるだろう。だがこのことについては、そのかぎりではない。キスカ島上陸の何週間か前に、航空偵察隊は「島で日本軍の活動が見られなくなったので、おそらくは撤収したと思われる」と作戦の指揮者に伝えていた。だがアッツ島の戦いのあとで、指揮者たちは絶対に日本軍は撤収などしないと確信していた。そのせいで偵察隊の視察の報告を黙殺した。確証バイアスが派手に暴走したのだ。彼らは頭からそう信じていたので、再確認のためにあと何機か偵察機を飛ばそうかという偵察隊の申し出を断ってさえいた。ここにはおそらく、物事を頭から決めてかかるのは良くないという教訓がある。

二年後の一九四五年四月、ヨーロッパ戦線終結のわずか数週間前、ドイツのUボート、U一二〇六は処女航海の九日目で、スコットランドの北東海岸の沖をパトロールしていた。それは最新鋭の潜水艦で、速くて滑らかでハイテクだった。そして、ここが重要な点なのだが、しゃれた新型トイレを備えていた。このトイレはタンクに排泄物を溜め込まない仕組みになっていて、排泄物を潜水艦からそのまま海に捨てられた。

このトイレがまずかった唯一の点は、思いのほか使い勝手が悪かったことだ。あまりにも使い方がややこしかったせいで、四月一四日、艦長は技術者を呼ばなければならなかった。どうやって「それ」を流したらいいかわからなかったからだ。こうしたことにかかずらうのは、威厳を保たなければならない場では望ましくない。あいにくなことに、呼ばれた技術者もまた、便器の中のものを流すのが得意ではなかった。装置を操作しようとして、どういうわけか間違ったほうのバルブをひねってしまい、その結果、海水と排泄物の混じった不快きわまりないものが、たちまち船室にあふれ始めた。

いや、誰がこんなふうに、「排泄物を流す取手に〈そっくりに〉見えて実はナチスのでかい潜水艦に海水を流し込むバルブをトイレに備えつけてやろう」という判断をしたのかはわからないが、思うにこれを考えついた連中は、きっと「スターウォーズ」の宇宙ステーション「デス・スター」によけいな排気孔を付けたやつと同じ学派の出身だろう。

　船室が糞便と塩水が混じった汚水まみれになり、くさい臭いで充満しただけでも一大事なのに、それが床下に漏れて潜水艦のバッテリーにかかったとき、事態はさらにまずいことになった。潜水艦の設計者たちは、ご親切にもトイレの真下にそれを設置していたせいで、バッテリーから大量の致命的な塩素ガスが噴き出したのだ。シュリット艦長は潜水艦を水面に浮上させるしかなかった。だが、そうしたところをイギリス艦隊にたちまち攻撃された。それで、潜水艦をまるごと放棄せざるをえなくなり、全員を避難させてから、あわてて潜水艦を破壊した。かくしてU一二〇六は第二次世界大戦で唯一、トイレ設備が周到でなかったせいで沈没した潜水艦という不運な金字塔となった。

　ここには大事な教訓がある。切迫した危機的状況下ではユーザーインターフェイスの設計は最重要であることと、任務の遂行に必要不可欠なインフラ（この例でいうとトイレとバッテリー）は、物理的に離ればなれにしておく必要があることだ。だが、本音を言うなら、この例を選んだのは実に愉快な話だからだ。

　計画を立てるのは、当然、軍事面での成功を収めるのにきわめて重要である。だがときには計画があざとすぎて、かえってうまくいかないことがある。チェスであなたより一枚上手の誰かと対戦したことがあるなら、おそらくそれがどんなものかをよくご存じのはずだ。じっくりと時間をかけて抜け目ない罠《わな》にはめようとしたあげく、相手はその動きを読んでいて、しまいにはこちらが負けているのだ。これは基本的にフランス軍の将軍アンリ・ナヴァールがヴェトナムで経験したことだ。違うのは、動かすのがチェスの駒ではなく、人間だったことだ。ナヴァールは初期の同胞であったナポレオンがそうしたのと同じで、計画を胸に抱いた。その計画は完璧だった。ただし、敵がナヴァールの思惑どおりに動いたならだ。

ときは一九五三年、共産主義のヴェトミン軍は、わずらわしいほど上首尾にフランス領インドシナの植民地支配に抵抗していた。ナヴァールの目標はヴェトミン軍を撃滅し、不面目な負けを食らわせることだった。そうすれば、目前に控えた和平交渉で強く出られるからだ。そのため、ヴェトミンにあざとい罠をしかけることにした。計画はこうだ。辺ぴなディエンビエンフーの盆地にフランス軍の基地を設営し、ヴェトミン軍の物資の補給路をおびやかして、戦闘に引き込むのだ。盆地は鬱蒼《うっそう》と茂った密林の山々にかこまれているため、ヴェトナム人は密林に身を潜めることができる。しかも山の上からなら攻撃しやすいので、ヴェトナム人には願ったりかなったりのはずだ。そのうえ、フランス軍は援軍から遠く離れている。フランス軍の新しい基地は、ヴェトミンが攻撃せずにはいられない恰《かっ》好《こう》の標的となるに違いない。だが（計画はこんなふうに続く）、技術で勝っているフランス軍は、ヴェトミン軍をたやすく打ち負かすことができる。制空権を握っているフランス軍は物資を航空輸送できるので、そうしているうちにフランス軍の火力が戦闘で勝つのだ。ヴェトミン軍は密林を抜けて重火器を運搬できないのだから、これは万全な計画だ。というわけで、ナヴァールは部下に基地を設営させ、ヴェトミン軍が攻撃をしかけてくるのを待った。

何ヶ月も首を長くして待ち続けた。ところが、何も起こらなかった。一向に攻撃をしかけてこないのだ。いったいヴェトミン軍は何をしていたのだ？

ヴェトミン軍は密林を抜けてせっせと大砲を運んでいた。ヴェトナム兵と地元民が協力して、武器をばらばらに分解し、重い部品を一つひとつ背負って、何キロもの鬱蒼とした密林の山を抜け、ディエンビエンフーまで運んでいた。そして、そこで大砲をまた組み立て、あとはただ雨季が始まるのを待っていた。そしてフランス軍がぬかるみで立ち往生し、フランス軍の戦闘機が物資をどこに落としていいか目視できなくなったとき、ヴェトミン軍は攻撃をしかけた。にわか兵士のヴェトナム人が時代遅れの小銃を手にして、自殺同然のやみくもな攻撃をしてくるだろう、そうたかをくくっていたナヴァールの部下たちは、そこにあるはずのない大砲が連続して火を噴いたことに度肝を抜かれた。

フランス軍は包囲戦に二ヶ月以上はもたず、ついにディエンビエンフーの陣地は陥落した。散々な負けっぷりで目も当てられない大敗を喫したフランス政府は倒れ、ヴェトミン軍の勝利は北ヴェトナムとして知られるようになる国の独立につながった。あとはよく知られた話だが、このあとでヴェトナムは二つの国に分裂し、南ヴェトナムにいたヴェトミン軍はヴェトコン軍になった。ヴェトコン軍はすぐに南ヴェトナムの政府に対して反乱を起こし始めた。アメリカがこれに介入し、同盟政府である南ヴェトナムを支援する決断をした。冷戦中で反共産主義だったからである。だがアメリカもフランスと似たり寄ったりで、基本的に同じ轍《てつ》を踏んだ。結果として起こったヴェトナム戦争はほぼ二〇年続き、その間、一五〇〇万から三〇〇〇万人が命を落とした。このすべては多分にアンリ・ナヴァールがあざとい罠を思いついたからである。

だが、軍事的な失敗史上、これ以外にも冷戦を激化させた前線はある。これからする話は、集団の認知バイアスのせいで超大国が小国に屈辱を味わわされた最も忘れがたい例となった。

おざなりだったケネディーのキューバ侵攻

アメリカがピッグス湾からキューバ侵略を試みたときの大失敗は、昔ながらの集団思考の実例であるだけでない。この例こそが、まさに集団思考という言葉の由来である。これは心理学者のアーヴィング・ジャニスの造語で、どのようにケネディー政権がそこまで誤ったのかという研究に大部分もとづいている。

アメリカは自国の玄関先に位置する小さな島国の政府を転覆させようとして、長期にわたる笑止千万な失敗を続けてきたが、なかでもピッグス湾の作戦は、ほぼ確実に最も屈辱的な事件だった。それでも、ほかの作戦を考えたら、これはとりたてて奇異な作戦ではなかったかもしれない。貝に爆弾をしかけてスキューバダイビング中のフィデル・カストロを暗殺するために、大量の軟体動物を買い上げようとするのはCIAくらいのものだろう。

基本的な計画はこうだった。まずはアメリカが反カストロのキューバ人亡命者の集団を訓練し、米軍の航空支援で侵略を開始する。米軍が今にも倒れそうなキューバ軍をのっけから軽く打ちのめすのを見たら、島の人たちはアメリカを解放者として歓迎し、共産主義者に対して蜂起するだろう。ことは単純だ。すでにグアテマラでしたことと同じではないか。

歯車が狂い始めたのは、大統領選でジョン・F・ケネディーがリチャード・ニクソンを負かしたときだった。計画はこの企てを支持していた前副大統領のニクソンが大統領になる前提で進められていた。ケネディーはそれほど熱心でなく、ソ連との戦争の火種をつくることになりはしないかと理にかなった心配をして若干の変更を求めた。アメリカが作戦を支援していることは伏せることにしたので、米軍機の航空支援はなしになった。そして、上陸地点は市民の住む密集地から遠く離れた場所にしなければならないとした。つまり、「大衆蜂起の引き金となる」という要素を削ったわけだ。

すでに初めから相当に見通しが甘かったこの作戦をただ中止すべきだったのはわかりきっていたのに、この時点に至ってはもはや露ほども意味をなさなくなっていた。それなのに、いかにも意味をなしているかのように全員が神妙にことを進めた。質問はなされず、想定に疑念を呈する者もいなかった。この計画に反対だったケネディー政権の補佐官で、歴史家でもあるアーサー・シュレジンジャーはのちにこう述懐している。作戦会議は「すでにできあがったコンセンサスのある奇妙な場の空気」の中で行われ、内心、計画が愚かしいと思っていても、会議中は押し黙っていた。「遠慮がちにいくつか質問をする以上のことをできなかった私の落ち度を言葉にするなら、この愚かな計画に警鐘を鳴らそうとする意欲が、会議の場の空気のせいで削がれてしまったと言うことでしか説明できない」と書いた。シュレジンジャーの肩を持つわけではないが、私たちは皆そうした場を経験している。

一九六一年に攻撃が始まると、失敗の可能性があったことはおおかた失敗した。カストロの空軍を打ちのめしてくれるはずだったアメリカ空軍の助けはなかったので、任務はもっぱらキューバ軍機に偽装してニカラグアから飛び立った爆撃機にかかっていた。パイロットはキューバ人亡命者たちである。アメリカの計画はこうだった。うち一機は公然とマイアミに着陸し、パイロットが世界に向けて、自分はキューバ軍の離反者だと宣言し、キューバ空軍基地を爆破する決意をしたと告知する。だが、この狡猾な策略が続いたのは、爆撃機の機種がキューバ軍のものでないと、皆が気づくまでだった。

一方、上陸作戦の部隊は、夜闇にまぎれて秘密裏に海から上陸する手はずになっていたが、地元の漁師たちにすぐに見つかり、解放者として歓迎されるどころではなかった。漁師たちは注意を呼びかけ、彼らをライフル銃で撃ち始めた（「これは侵略だぞ、みんな気をつけろ！　やつらは侵略しようとしている。私たちはそう思ったのです」と漁師たちの一人、グレゴリオ・モレイラはBBCの侵略五〇年記念で記憶を語った）。早々に発見された上陸部隊は、浜辺から国を乗っ取るつもりが、退去もままならなくなった。キューバ軍（今にも倒れそうとはほど遠く、きわめて効率的だった）が迅速に駆けつけたときには、退去はさらに難しくなっていた。キューバ軍からの機銃掃射を受け、さらにはキューバ空軍の戦闘機も飛んできた。どうやら怪しげな偽爆撃機に空軍基地を爆破されることはなかったようだ。

この時点で、浜辺にいた上陸部隊は空からの援護を求めてやまなかったが、このころには、ケネディーは「離反したキューバ人パイロット」の策略を皆が見透かしているという事実にうろたえて、航空支援の承認を拒んだ。このため、上陸部隊は防御の手段が次第に乏しくなっていくなかを必死の防御で戦い続け、何日も浜辺にとどまっていなければならなかった。

不成功だった侵略作戦は三日目に入り、もう劇的な介入がなかったら、上陸部隊が浜辺を離れられないことは明白だった。それで、ケネディーはようやく前言をひるがえして航空支援を承認した。だが、ニカラグアに控えていた亡命キューバ人のパイロットたちは飛行を拒んだ。このころにはもう、任務のなりゆきに手痛い裏切りを感じていたからだ。それでアメリカはしかたなく、計画に関与していない振りをかなぐり捨て、招集したアラバマ空軍州兵の兵士たちにニカラグアの偽装爆撃機を操縦させ、何の細工も施していないごく普通の米軍戦闘機に後方支援をさせることにした。これで浜辺にとどまり続けている上陸部隊を救えるかもしれなかった。だが、ここには有終の美を飾る手抜かりがあった。爆撃機のあるニカラグアと、戦闘機のあるマイアミとの間の時差を失念していたのだ。このため、飛び立った二つの群れは落ち合うことさえできず、何機かは撃ち落とされてしまった。

この計画はもっぱらアメリカが世界的な嘲笑の的となって終わり、フィデル・カストロはそれまで以上の確固たる権力を定着させた。そして、一〇〇〇名以上の侵略兵士が捕らえられ、数年後にアメリカは、兵士たちの解放に五〇〇〇万ドルもの身代金を支払わなければならなかった。

この良い面は、ケネディーが決断の失敗から学び、翌年のキューバ危機では冷静な面々の意見を通すことができたことだ。このことはもしかしたら、世界中のすべての人を救ったかもしれなかった。ありがたいことにアメリカは、これ以降、もうけっして指導者たちが集団思考により、明確な計画もなければ出口戦略もない、杜撰《ずさん》なインテリジェンスにもとづいて、詰めの甘い侵略を押し進めることはないだろう。

あ、そうでもなかったかもしれない。

あまりにもくだらない理由で起きた六つの戦争

バケツ戦争

イタリアの都市国家、モデナとボローニャの間に起こった一三二五年の戦争で、概算二〇〇〇人が死んだ。これはモデナの兵士たちがボローニャの井戸からバケツを盗んだことに始まった。戦争に勝利したモデナは、すかさずバケツをもう一つ盗んだ。

イギリス・ザンジバル戦争

アフリカのザンジバルのある皇帝は、イギリスに皇位を承認されなかったため、宮殿に立てこもった。イギリスが計三八分にわたって宮殿を撃ち続けたすえ、皇帝は宮殿から逃げ出した。史上最短の四五分以内で終わった戦争である。

サッカー戦争

中米のエルサルバドルとホンジュラスの間で長期の対立がくすぶっていた一九六九年、ワールドカップ予選で両国が対戦し、緊迫した試合を何度かしているうちに暴動から戦争が勃発した。その結果、サッカーはエルサルバドルが勝利し、戦争は引き分けに終わった。

ジェンキンスの耳戦争

イギリスとスペインの戦争は、一七三一年にスペインの私掠船がイギリス商船の船長の耳を切り落としたことで始まり、ヨーロッパ全土の主要な国々がかかわるオーストリア継承戦争に拡大した。一〇年近く続いたこの戦争で、何万人もの命が犠牲になった。

寝室用便器が発端で反乱

短袴王と呼ばれたロベールは征服王ウィリアムの長男だった。二人の弟のいたずらで、寝室用便器にたっぷりと入った中身を頭からかけられたとき、ロベールは弟たちをたいして罰しなかった父に腹を立てて反乱を起こした。

黄金の床几《しょうぎ》戦争

イギリス帝国と西アフリカのアシャンティ族の間の戦争は、イギリスの総督が「普通の椅子」を勧められて気分を害し、黄金の床几に腰かけることを要求したあとで勃発した。イギリスは戦争に勝ったが、総督が黄金の床几に座ることはなかった。

第７章　残酷な植民地政策もヘマばかり

探検へと向かう人間の衝動は、私たちを特徴づける特性の一つである。私たちと近親のいとこたちの種《しゅ》は、進化論で言う「またたき」をする間に世界に何度も散らばった。そして、この衝動が現代の世界を形作り、私たちは移住と交易、植民地支配と戦争を何千年にもわたって続けてきた。現代の世界は、愚かで混沌としていて、理不尽なことも多かった、そんな過去の時代の産物なのだ。

この衝動に駆られて、一四九二年にクリストファー・コロンブスは見渡すかぎり青く広い大西洋の海に出航し、何ヶ月か後に愚かにも珊瑚礁に乗り上げて航海を終えた。

その年は一般に「発見の時代」と呼ばれる時代の序章だった。当然、発見と言えるのは、「発見」された場所に住んでいる人でないなら、という留保つきであったが。ヨーロッパとアジアをつなぐ陸上の交易路は、モンゴル帝国がユーラシア大陸の大部分を占めていたときは行き来がしやすかった（先述のように、モンゴル帝国については少しあとで取り上げるつもりだ）。だがこのころは黒死病が蔓延《まんえん》し、オスマン帝国が勃興《ぼっこう》したことから封鎖されていた。そして、ヨーロッパは新技術と知識で騒然として、富を渇望しているさなかにあって、陸より海に目を向け始めた。そして、もともとは交易のために始まったはずの冒険が、アジア大陸とアフリカ大陸に加え、新たに発見されたアメリカ大陸で、占領と征服の任務へと様変わりしたのはあっという間だった。

コロンブスがアメリカ大陸を偶然に発見（カッコつきの「発見」である）したことは、知らない者はないほど有名である。アフリカ最南端の岬をまわらないで、西まわりでインドへの近道を探していたとき、思いがけずカリブ海諸島に到達したのだ。だがコロンブスが、正確に言って〈何を〉間違えたのかについては多くの誤解がある。

ちまたでよく言われる俗説に、地球は丸いと信じていたコロンブスは航海に出て、当時のヨーロッパ人たちがそんなことをしたら世界の端から流れ落ちて死んでしまうと思っていたときに、地球は丸いと証明した、というものがある。にべもなく言わせてもらえば、それは単なるたわ言《ごと》だ。事実、当時のヨーロッパの教養人は（そして、大半の無学な者たちも）、世界は丸いと熟知していたし、はるか昔からそのことを知っていた。それはコロンブスが一五世紀に航海をする二〇〇年以上前からしごく当たり前の知識だったので、一三世紀の神学者のトマス・アクィナスが、誰もが知っていることの喩えとして、書物の中でごく普通に使っていたほどである。ところが二一世紀の今日でも、ごく少数派が地球球体説を意固地に疑い、陰謀によりそう思い込まされているだけだと言い張っていることを考えれば、一五世紀でも地球平面説は同程度に人気があったかもしれない。二〇一九年、地球平面説を信じる集団は、仲間うちで船旅の計画をしている。自説を試せる機会に胸を躍らせていることだろう。人類は素晴らしい。

いや、だから、その誤解は地球が丸いかどうかではなかった。当時、コロンブスの事業に問題があると思われていた理由はまったく別の理由から来ていた。問題はクリストファー・コロンブスが測定単位をはなはだしく混同していて、計算を完全に間違えていたことだった。

この冒険の計画全体は、二つの件について彼が自分でした計算にもとづいていた。それは、地球の大きさと、アジアの大きさについてだった。このどちらも、コロンブスはひどく間違えた。一つには、アジアは実際よりもはるかに横長だと思い込んでいて（アジアが横長なのは確かだが）、追い風に乗れば、そのうち今の実際の位置から東へ数千キロのところに日本を発見できると思い込んでいた。だがこれよりまずかったのは、地球の円周を、九世紀のアッバース朝の天文学者、アル＝ファルガーニー（ラテン語名はアルフラガヌス）の研究にもとづいて計算したことだ。これは幸先のいい始まりではなかった。というのも、コロンブスの時代より一七〇〇年も前に、ギリシャの数学者キュレネのエラトステネスが円周計算を完璧にやり遂げて以来、もっと正確な概算のしかたはいくらでもあったからだ。だが、これでさえコロンブスが犯した最大の過ちではなかった。

コロンブスの最大の過ちは、ファルガーニーが距離を表すのに使った「マイル」を、てっきり古代ローマ式のマイルだと勘違いして、一マイルが約一・四八キロだと思い込んでいたことである。だがファルガーニーが意味していたのはアラビア式のマイルなので、一マイルは二キロ前後の数値である。だから、ファルガーニーが「〇〇マイル先に」と言ったときには、実際にはコロンブスが思うよりははるかに遠くを意味していた。

架空のバンドをドキュメンタリー風に追うモキュメンタリー映画『スパイナル・タップ』のファン

なら、コロンブスの過ちがどんなものだったかがよくおわかりだろう。そう、巨大なストーンヘンジの舞台装置を注文したはずが、痛恨の発注ミスでミニチュアサイズになってしまったのと同じだった。ある測定単位をまったく異なる測定単位と混同したせいで、とんでもなく小さいモデルを割り出し、世界が実物大の約四分の三しかないと思い込んでいたのである。これは日本の位置を数千マイルほど勘違いしていたこととあいまって、結論として、コロンブスは実際よりずっと短期間の航海に向けた物資を積めばいいと思っていた。同時代の大勢の人たちが、「クリス、君は世界の大きさを間違えている」と思っていたが、コロンブスは自分の計算は正しいと信じ続けていた。だから、物事の全体像を見たら、航海の途上でたまたまカリブ海諸島に突き当たったコロンブスは、とてつもなく運のいい男だった（大はずれの計算ミスの結果として、アジアがあるはずもない場所に、まったく別の大陸を偶然にも発見したのだから）。

このことはおそらく特筆するに値するだろう。ファルガーニーのマイルをコロンブスが勘違いしたのは、ヨーロッパ中心主義の世界観を反映していたのだ！　だが正直なところ、それでもこれは、世界観があまりにヨーロッパ中心主義だったために、クリストファー・コロンブスがしでかした最悪の事態には及びもつかなかった。

もしコロンブスが数学に優れていて、やみくもに航海に乗り出すことがなかったなら、世界史はどんなに異なっていただろうと想像したくなる。答えはおそらく、現在、ポルトガル語を話す人たちがやや増えたくらいで、たいして変わりなかっただろう。ポルトガルは当時、ヨーロッパ最高の航海技術で海洋探検に取り組んでいたので（コロンブスの探検はスペインの出資だった。コロンブスが計算間違いをしていることを百も承知だったポルトガルは、当初、出資を拒んだからだ）、この翌年以降はアメリカ大陸の各地に上陸した。ペドロ・アルヴァレス・カブラルは一五〇〇年にブラジルに上陸した。一年後、コルテ＝レアル兄弟が、カナダのラブラドール半島かニューファンドランド島のいずれかに上陸し、五七人の先住民を即座に捕らえ、奴隷として売り払った。これは来たるべき未来の兆しだった。

事実、誰かが、もし本当に誰かが、初めて出会った原住民を殺したりさらったりする自然な衝動を抑えられたなら、旧世界と新世界の関係性の歴史はまったく異なっていただろう。コロンブスの時代より五世紀も先立って、ヴァイキングたちはアメリカ大陸にやってきた。アメリカ大陸にしっかりと集落を根づかせた本当に最初のヨーロッパ人はヴァイキングたちだった。レイフ・エリクソンはグリーンランドのヴァイキングの集落から出発し、彼らがヴィンランド（「ぶどうの地」。おそらくは現代のニューファンドランド島）と名づけた地にやってきた。ろくな楽しみがない不毛のグリーンランドとくらべたら、ヴィンランドの森林と果実はさぞかし魅力的だったに違いない。実際、ヴァイキングは数年をかけて、交易を目的とする集落をそこに築いた。だが残念なことに、ヴィンランドの先住民と交易をする見通しは、両者が初めて出会ったときの出来事でだいぶしぼんでしまった。

文書に残る歴史上、ヨーロッパ人とアメリカ先住民との初めての出会いはこんな具合だった。ヴァイキングが島に上陸すると、ひっくり返したカヌーの下で一〇人の地元民が居眠りをしているのを目にとめて、皆殺しにした。

やれやれ、なんてことだろう。

当然、こんな出来事があったあとでは、先住民はヴァイキングと交易をする気にはなりにくく、二つの集団間で小競り合いが始まったのは当然のなりゆきだった。ヴァイキングは剣でものものしく武装していたが、先住民の「端に大きなこぶのついた竿」（動物の膀胱をふくらませたものではないか）で攻撃されて、あやうく負けそうになった。「それは男たちの頭上を吹っ飛んでいき、落ちるときにおぞましい音を立てた」。ヴァイキングはこの得体の知れない新型風船に恐れおののいた。隊長のレイフの腹違いの妹フレイディス・エイリクスドティールがこのお返しに、いきなり胸を露わにして先住民の目を丸くさせなかったら、ヴァイキングたちはこの戦いに負けていたかもしれない。

この戦いと、ここまで奇妙でなかった数々の戦いが災いして、ヴィンランドの集落の始まりはけっして順調ではなかった。ヴァイキングたちはその地を一〇年か二〇年でうち捨てた。さらに、拠点としていたグリーンランドのヴァイキングの集落（そもそもこれはレイフらの父、赤毛のエイリークが殺人罪で国外追放になったことで始まった）は数世紀の間に次第にさびれていき、やがて誰もいなくなった。ヴァイキングたちは北欧の国に戻り、もうヴィンランドを気にかける者はいなくなった。

ヴィンランドでのなりゆきがこうでなく、ヨーロッパ人が人殺しなどしなかったなら、歴史は違った方向へと舵《かじ》を切っていただろう。アメリカ大陸とヨーロッパ大陸の間でしっかりとした貿易ルートが確立されて、知識や技能を互いに交換し、二つの大陸間で大勢が行き交うようになったかもしれなかった。もしそうなっていたなら、大陸間での技術力や軍事力の格差はそれほど開かず、一六世紀にヨーロッパが片道方向の植民地化をすることもなかっただろう（また、ヨーロッパの伝染病がアメリカ大陸の先住民に一気に襲うこともなく、先住民たちは時間をかけて、徐々に抵抗力をつけられたかもしれなかった)。

これと同様に、仮に一四世紀のアフリカのマリ帝国の王アブバカリ二世が、航海から戻ってきていたら、やはり歴史は違っていただろう。マリ帝国はこのころ、最も裕福で世界最大の面積を誇った帝国の一つで、西アフリカの広域に広がっていた。王のアブバカリ二世は、海のかなたに「向こう岸」があるかどうかを知りたくてたまらず、そのために王位と権力と富を捨て、一三一二年、今日のガンビアから二〇〇〇隻の艦隊を率いて出航したと言われている。どの船も戻ってはこなかった。アブバカリ二世はブラジルの海岸に到着したかもしれないという説もあるが、そうであったとしてもマリ帝国に戻ることはなかった。率直に言って、探検において戻ってくることはかなり重要な要素である。

そうでなければ、おそらく歴史は何も違っていなかったかもしれない。これこそ、ありのままの私たちなのかもしれない。全体を俯瞰《ふかん》してみれば、人類の歴史は多くの面で、帝国が始まって、衰えて、帝国どうしが互いに滅ぼし合ってきた物語である。のちに帝国の時代が始まるのに必要だった、農業、統治者、戦争と同じで、帝国はそれがかならずしも人類最高の素晴らしい長期計画だから続いたのではない。〈誰かが〉帝国を始めることで、その帝国に滅ぼされないように、ほかの者たちも帝国を築かなければならないから続いたのだ。たとえば、徒党を組んで殴りかかってくる連中がいたら、やられてしまわないように、こちらも徒党を組まなければならなくなるのと道理は同じである。

一四九二年、コロンブスがイスパニョーラ島沖で、偶然、サンタマリア号を沈没させてしまったとき、島の原住民のタイノー族の人口は数十万人だった。スペイン人が疫病をもたらし、彼らを奴隷として使い、炭鉱で働かせ、二〇年と少しが経ってからは、たった三万二〇〇〇人しか残っていなかった。コロンブスは数学が苦手だったが、そのことはコロンブスが犯した最悪の過ちではなかった。

過去について倫理的な判断をするのは、かならずしも歴史家の仕事ではない。歴史家の仕事は、過去の人々がどのように生きていたかを明らかにし、それを書き記し、時代背景や状況などの文脈に照らして読み解くことである。つまり、理解し、説明することだ。そして、権力も闘争もからみ合った複雑な関係性をなぞっていく。その関係性が今日、私たちが生きている世界を生み出した。以上のすべては、善悪について意見を述べなくてもできることだ。なるほど、歴史上の頭が痛くなるようなややこしい事情を考えれば、過去について倫理的な判断をするのが単純だった例《ためし》はまずない。

幸いにも、過去の倫理的判断をするのは〈まさに〉本書の役目である。だから、端的にこのことを明言しよう。植民地支配は悪かった。実に悪いことだった。

では正確に言って、どれくらい悪かったのだろうか？　宗主国の帝国が崩壊しかけていた二〇世紀のヨーロッパの植民地だけを取っても、約五〇〇〇万人の死者を出した。これはヒトラーやスターリン、毛沢東の犯罪に匹敵する。これより前の時代には、アメリカ大陸を植民地にして一〇〇年かそこらで、かなり控えめに見積もった概算でも大陸の人口の九〇％が疾病と暴力と強制労働で死亡した。ここでも何千万人もの死者を出した。なぜこれ以上、死者数を特定できないかというと、それ以前にどれだけの人たちがそこに住んでいたかを割り出すことが難しいからだ。そのせいで、私たちは死者の規模がどれくらいか、失われたものがどれくらいかもわからない。

死者数がはっきりしないだけでも恐ろしいが、数字だけでその全容はわからない。アフリカの奴隷貿易、ナチスの強制収容、大日本帝国の慰安婦、アメリカ大陸でのスペインのエンコミエンダ制（征服者たちはおのおの先住民の集団を労働力として割り振られた。仕事を始めたばかりの雇用者が人間を自社株として与えられるようなものだ）など、恐怖のリストは長く、耐えがたく残忍だ。これに加えて、植民地支配は無数の文化を絶滅させ、歴史を破壊し、莫大な富を世界のある場所からほかの場所へ不当に移転させた。世界のどちら側で生まれ落ちたかで、豊かで快適な生活を享受しやすいかどうかが違ってくるのは、今日でも歴然としている。

口を酸っぱくして言うが、植民地支配は悪かった。実に悪いことだった。本書のこの部分はあまり愉快でなくて申し訳ない。

本来、このことは言うまでもない大前提であるべきだ。こんなことをわざわざ言わなければならないのは、私たちは現在でも、植民地主義は良いものだったという強烈な反動のただ中にいるからである。この考えを集約すると、植民地支配は植民地にされた側の国や子孫にとっての恩恵（経済の近代化、インフラ整備、科学や医学の知識の移植、法の支配という概念の紹介）は、宗主国がこれまでやらかしてきた後悔すべき過ちより大きかった、という主張である。しかし、どれだけ植民地支配をよく見せようとも、この手の主張の根幹にあるのは、「植民地にされた者たちは根本的に未開だ」という考えである。自治ができない、進歩できる素質がない、天然資源を適切に活用できるほど発達していない、こんなに豊富な金塊の上に座っていながら宝を持ち腐れにして、どうしていいかもわからない哀れな子どもめ、われわれが代わりに利用して差し上げようというわけである。

まず、この考えは事実というより、植民地時代より前の社会の状態についての思い込みを前提にしている。それに歴史全体から見たら、そのとき偶然にも少数国家の軍事技術が勝っていたことを、「物事をしきる権利が誰にあるか」という普遍の道徳律にまで話をふくらませている。しかも、植民地化がなかったら、残りの国々は五〇〇年間、停滞し続けていただとか、その国に押し入って我がものだと宣言してやらなかったら、彼らが国境を超えて互いに科学と技術の知識を交換することなどありえなかった、という暗黙の仮定に頼っている。寛大な植民地化の政策がなかったら、世界の残りの国々は今でも一六〇〇年代でとどまっていたというのだ。そもそも国境を超えて知識を互いに交換し合ったことで、ヨーロッパに一連の技術の発達があったのだから、残りの国々にそれができないはずがないように思われる。だがいずれにしても、これについては証明できない。宗主国でも植民地でもなかった国は数が少なすぎて、検証できないからである。植民地化を逃れたわずかな国にタイがある。グーグル検索したらタイには電力があるとわかったが、たった一ヶ国のサンプルを元にものを言ってもしかたない。

そしてしまいには、こうした話はちぐはぐになってくる。一般的に言って、過去の行為の費用対効果を数百年後に分析するのは、人類の行為が正しかったか、間違っていたかを知る方法ではないからだ。そんなことをしても、信じたい方向性が先に決まっていて、それを事後に正当化する試みにしかならないように思われる。結果として、植民地政策をめぐる対話は二人の人間がこう怒鳴り合う状況になりがちだ。「だけど、鉄道を敷いたじゃないか！」と「そうだな。だがアムリットサルでの虐殺もあった！」こうしたやりとりを互いに何度も繰り返したあげく、しまいには誰もが精根尽き果てるのだ。声を大にして言わせていただくが、鉄道の敷設はけっして虐殺行為と人道的に互角に張り合えるものではない。大の鉄道ファンの私でもそれくらいはわかる。

前もって答えておくが、どの話を取っても、世界のあらゆる悪はぜんぶ植民地支配のせいだなどとは言っていない。また、植民地化された社会は、入植者がやってくるまで誰もが自然と調和して生きていた平和と礼節の理想郷だったとも言っていない。どこまでも愚かしくなれて、とんでもない過ちを犯す可能性はあまねく世界の歴史にありがちだった。もうこのことはもう本書の大前提だと願っている。人類は実際に起こった事実にもとづいて過去を考えようとすべきで、漠然たる郷愁の想いから、帝国がどんなに良かったかという短絡的でわかりやすい物語にすべきではない。

一つ例を挙げると、植民地主義は文明化された統治と、後生大事に守るべき法の支配を植民地の国々にもたらしたという考えがある。だが、その理想は現実とはなはだ食い違っていた。このことは、宗主国が原住民と大量の条約を取り交わしてきた歴史が如実に物語っている。つまり、宗主国側が「法の支配を尊重せよ」と原住民に言いながら、自分たちは法を守らなかった歴史である。まずはイギリス政府と、その後にアメリカ政府との間で何百もの条約を交わしたアメリカ先住民は、条約がことごとく破られ、土地が奪われたことに愕然としたに違いない。マオリ族もイギリスとの間で交わしたワイタンギ条約に翻訳の齟齬《そご》が多数あり、一方的にイギリス側に都合よく解釈されたことに驚愕しただろう。南アフリカのイギリス領カフラリア（呆れたことに、イギリスは白人が黒人に対して使った蔑称を元にして領土を名づけたのだ）のコーサ族の受けた打撃は想像もつかない。一八四七年に就任した総督、サー・ヘンリー・スミスは、コーサ族に自分の行為をとくと見ているようにと命じ、笑いながら彼らの目の前でこれ見よがしに平和条約を破り捨てた。そして、首長を一人ずつかしずかせて自分の靴に接吻させた。

ちなみに、これは大げさに脚色した話などではない。本当にそうしたのだ。私たちが知っておくべきなのは、一般的にイギリスの歴史でサー・ヘンリー・スミスはいかした英雄のごとき人物だと思われていることだ。しかも、人気の恋愛小説では一四歳の少女（事実だと確認済み）とのおとぎ話めいた結婚が描かれている。

このことは本書のテーマの一つに私たちを引き戻してくれる。妄想や物語でおのれをあざむき、過去にしてきた行為のつじつまを合わせる能力である。帝国を維持していくにはたゆみない盛んな努力をして現在を祭り上げ、過去の記憶をごまかし続けていく必要がある。この不協和はそもそもの始まりからあった。これはコロンブスが記した文書からわかるが、コロンブスは神に仕え、キリスト教の信仰をタイノー族に広めているとかたく信じながら、同時にタイノー族を服従させて、奴隷労働に使えるかどうかを見きわめる品定めをしていた。また、イギリスは帝国時代の終わりにアフリカから引き上げるさい、何万もの植民地の記録を組織ぐるみで破棄している。文書をまとめて燃やし、海に投げ捨て、歴史を消し去ったうえ、集団で忘却した。ウガンダでは、「レガシー作戦」と銘打たれたが、過去の記録というやっかいな遺産を処分する作戦としては言いえて妙である。

そして、植民地時代の暗澹《あんたん》たる皮肉が、ここ以上に浮き彫りになった場所はない。ベルギー王レオポルド二世は、私有の領地としてコンゴ盆地の約二六〇万平方キロを買い上げ、恐るべき残虐行為の地にした。利潤追求のためになされた奴隷労働のホロコーストの結果、二〇年で一〇〇〇万人もの死者を出したのだ。大いなる皮肉だったのは、これが公的には「慈善」の名のもとになされたからである。一八八五年、この地はレオポルトが創設したコンゴ国際協会という慈善団体として、ベルリン会議で承認された。この会議はヨーロッパの国々が彼らの間でアフリカを切り分ける話し合いの場だった。これが「アフリカ分割」に拍車をかけ、アフリカ大陸の植民地化を新たな極限へと押し進めた。国際アフリカ協会の思いやりに満ちた使命はコンゴ人たちを「文明化」することだったが、実際にしたのは、国全体を巨大なゴム農園にして、奴隷労働を強いることだった。そして、コンゴ人の労働が生産目標に達しなければ、罰として死で償わせた。さもなければ手や足を切り落とし、鼻を削いだ。ベルギーは兵士たちが人を殺すときは銃を使うことを許したが、それ以外の取るに足りないことで貴重な弾丸を無駄遣いしないように、殺した人数分の手を証拠として届けさせた。一つの弾丸につき一つの手である。そのため、この地では切断された手の入った籠《かご》が通貨のようになっていた。それは死体からも、生きた人間からも、自由に刈り取った手だった。

というわけで、レオポルトは自国を「コンゴ自由国」と名づけた。

そう、植民地支配は悪かったのだ。

これは失敗についての本である。植民地政策は確実に悪いものだったが、失敗だとは言いきれない。倫理面を棚に上げ、ただ収益のみに絞ってみれば、概して大儲けの華々しい成功だった。植民地経営にたずさわった者たちの多くは、王のごとく富を得た。むろん、すでに土だった者ならなおさらである。

だがその全体像から見落とされている面がある。確かに宗主国は世界の残りの国々の物を強引に略奪することでおおいに豊かになったが、植民地の獲得競争に群がった大勢の者たちは目も当てられないほど首尾が悪かった。はっきり言って、とんでもない愚か者たちがわれこそは危険をものともしない勇敢な英雄だと信じ、濡れ手に粟《あわ》の大金を得られそうだという誘惑に駆られ、われもわれもと向こう見ずに帝国主義の計画に飛び込んでいった。

「発見」の時代はダニング゠クルーガー効果に満ちていた時代だった。自信たっぷりで、まともそうな人物に見えるというだけの根拠にもとづいて、適性に欠け、経験が浅く、間の抜けた男どもが引きも切らずに探検隊を率い、植民地経営をする役割を担った。

たとえば、ジョン・レドヤードを例に取ってみよう。彼は航海の途上でアフリカ南端の岬にほんの短時間立ち寄った経験しかないのに、イギリス政府の探検隊を率いて、アフリカ奥地に分け入る大役を任された。それはイギリスが探し求めていたニジェール川の源を見つけるためだった。レドヤードは当時イギリス領だったコネティカットで生まれ、キャプテン・クックの乗組員として執筆した航海の本が人気を博したおかげで、偉大な探検家としての評判を築いた。しかしながら単独での探険は心もとなかった。

ただ一つレドヤードにあった疑いようのない才能は、要人と懇意になり、前払い金を支払うよう説き伏せることだった。最初に提案したのは毛皮の貿易会社だったが、これはなかなか実現できないまでいた。だがパリで事業の協力者を探していたとき、著名人たち（トマス・ジェファーソンに、ラファイエット侯爵、そして、ミュージカル「ハミルトン」の役柄に出てこない何人かも含む）から、まったく別の探検事業の支援を勝ちえている。これは大胆な旅の計画で、フランスからロシアを抜けてベーリング海峡を渡り、アラスカからアメリカ大陸を南下し、アメリカ西海岸の端から端までたどるものだった。この冒険のアイデアを出したジェファーソンは、レドヤードを「天才で恐れしらずの勇気があり、進取の気性に富んだ男」と表現した。

レドヤードはサンクトペテルブルクに行く途中で靴をなくしたが、誰かに金を借りてイルクーツクまではなんとか行けた。だがそこで、スパイとして逮捕されて探検は終わった。

一七八八年、一文無しになったレドヤードがどうにかしてロンドンに戻ると、「暗黒のアフリカ」と呼ばれていたアフリカ奥地に探検隊を率いる任務を得た。レドヤードはアラビア語が話せず、せいぜいつぎはぎの経歴しかなかったのに、探検の人材を雇っていた団体であるアフリカ協会の事務局長は、レドヤードとの初めての出会いで即座に感銘を受けた。このことはいくぶん興奮気味に詳述されている。事務局長のミスター・ボーファイは「この人物の男らしさに感銘を受けた。たくましい胸板にさわやかな顔つき、そして熱意みなぎるまなざし……。いつ出発できるのかと尋ねると、明朝に、と彼は答えた」。たった一晩で探検の準備をするのは、いかがわしいほど短時間だと思われるかもしれない。ましてや目的地が船から眺めただけの大陸で、地図にも載っていない奥地へと分け入る探検なのだからなおさらである。だがしょせん、私たちの胸板はおそらくジョン・レドヤードほど男らしくないのだろう。

最終的にレドヤードはカイロまでしか行けなかった。そこで胆汁症という病気にかかり、自分で治そうとして硫酸を飲んだ。命を落としたのは当然の帰結だった。レドヤードは一七八九年一月に亡くなった。アフリカの冒険できわだつ成果は、いくつかの隊商路について役立つ記述をしたことと、ト

ロバート・オハラ・バーク（1820-1861年）。Getty Images: Hulton Archive

マス・ジェファーソンに書き送った手紙である。手紙の中で彼はエジプト人をばかと呼び、ナイル川はコネティカット川ほどではないとこき下ろしている。

　ほかに、ロバート・オハラ・バークという探検家がいる。堂々たる顎ひげを蓄えたアイルランドの警官で、短気で方向感覚がない人物だった。一八六〇年、バークの探検隊の一行はメルボルンから北海岸に抜けるルートでオーストラリア奥地の探検に乗り出した。メルボルンで明るく見送られると、信じられないほどのろのろと国を移動した。のろかったのも無理はない。約二〇トンもの重装備で旅をしていたからだ。これには大きな杉材の天板が付いた木製テーブルとチェアのセットや中国の銅鑼《どら》が含まれ、一二本のふけ取りブラシのような生死を分かつものもあった。

　バークの気性が激しく、探検の技能がお粗末だったおかげで、探検隊を離れる隊員が続出し、大勢が首になるか自ら辞めていった。じりじりとする遅い徒行に耐えかねて、バークはようやくいくばくかの物資を放棄することに決め、銃や弾丸の大半と壊血病の予防に役立つ石炭を手放すことにした。やがて奥地に三〇〇〇キロ以上分け入ったころには、探検隊の大半をあとに残し、バークのほか三人の男と数頭のラクダだけで前進していた。半死の状態のバークは北海岸まであと二〇キロもないところまでたどり着いたが、行く手にマングローブ沼があったため、そこで引き返した。戻る旅の道すがら、やつれきった男たちのそばを通りがかったアボリジニが食べ物と救いの手を差し伸べてくれたが、バークは彼らの親切に銃の発砲で応じ、ほどなくして力尽きた。

実際に成功したと言われている探検家たちでも、それほど探検が得意ではなかった。たとえばそうした探検家には、アメリカ湾岸の広大な土地をフランス領として主張し、その地をルイジアナ州と名づけたフランス人、ルネ゠ロベール・カヴリエがいる。彼はあるフランス政府高官に「誰よりも優れた男」と称されたが、そのカヴリエの最初の探検での手柄は、オハイオから中国にたどり着くルートを発見できると信じ、その信念に突き動かされた遠征で得られたものだった。これは探検家として幸先の良くない性格だったが、彼もまた、思い上がった高慢ちきな男で、一緒に旅をする隊員の大半を苛立たせる才能があった。一六八七年の最後の探検は、たった二〇〇人のフランス軍でメキシコを侵略し、スペインから奪い取ろうとする試みだった。旅の間じゅう口論が絶えず、数隻の船を失い、計画した地点から八〇〇キロも離れたところに上陸した。やがてカヴリエはテキサスのどこかで部下たちに殺された。

それでも、植民地にならなかった植民地の歴史において、植民地時代の思い込みと思い上がりがここ以上にないほどにあらわれた場所はないだろう。今から話をするのは、世界的なプレイヤーになる試みに失敗したあげく、財政難にあえぎ、屈辱を味わう羽目になった「スコットランド帝国」の不幸せな話である。

スコットランドを破綻させた投資家、パターソン

ウィリアム・パターソンは、人生の帳尻がしまいには歴史の帳簿の「支出欄」に載ることになってしまった多くの人々と同様に、未来への構想に胸をふくらませていた。

ただ構想があっただけではない。パターソンには大勢の人たちを説き伏せて、その実現へと向かわせる才覚と粘り強さがあった。彼は銀行家で投資家だったが、その天性は営業マンだった。保険数理士のような厳格さと、詩人のような魂と、説教師のように熱く燃えたぎる信念のすべてを兼ね備えた男だった。思い抱いた構想が何千人もの死をもたらし、祖国スコットランドを財政破綻に陥れたのはまことに残念だった。それだけではない。さらに悪いことに、南に位置する隣国イングランドのなすがままになってしまった。事実、パターソンの破滅に導く計画がなかったら、今日のようなＵＫ、すなわち連合王国は存在していなかったかもしれない。

これは壮大だが漠然とした構想の実現に国自体が深くかかわった話である。国が何にもとづいてそうしたかというと、帝国の実現を心から信じた者たちからの力強い公言だった。彼らは専門家の忠告を聞かず、間違いを犯しているかもしれないと世界中がはっきりと警告をしているときでも、現実認識をかたくなに拒み、路線を変更しなかった（これはまた、イングランド人の底意地の悪さを示す話でもあるが、それについては、今さら言うまでもないだろう）。

パターソンの構想はとりもなおさず、スコットランドが世界貿易の中心となる植民地を持つことだった。そして、どの地をスコットランド帝国の最初の前哨にしたいかは明確にわかっていた。それは

大西洋のかなたにあり、南北アメリカ大陸をつなぐ緑の楽園で、その地はダリエンと呼ばれていた。

　一六九八年から九九年にかけて、祖国スコットランドを救う愛国心に胸を高鳴らせ、国庫の約半分の資金を投じ、意気揚々とスコットランドから出航した約三〇〇〇人の入植者たちは、パターソンの楽園に上陸し、そこに帝国を築く希望に目をきらめかせていた。だが一七世紀の終わりには、そこは楽園とはほど遠いと気がついた。大半の人々は落命し、国の資金は大西洋の海に沈んだ。

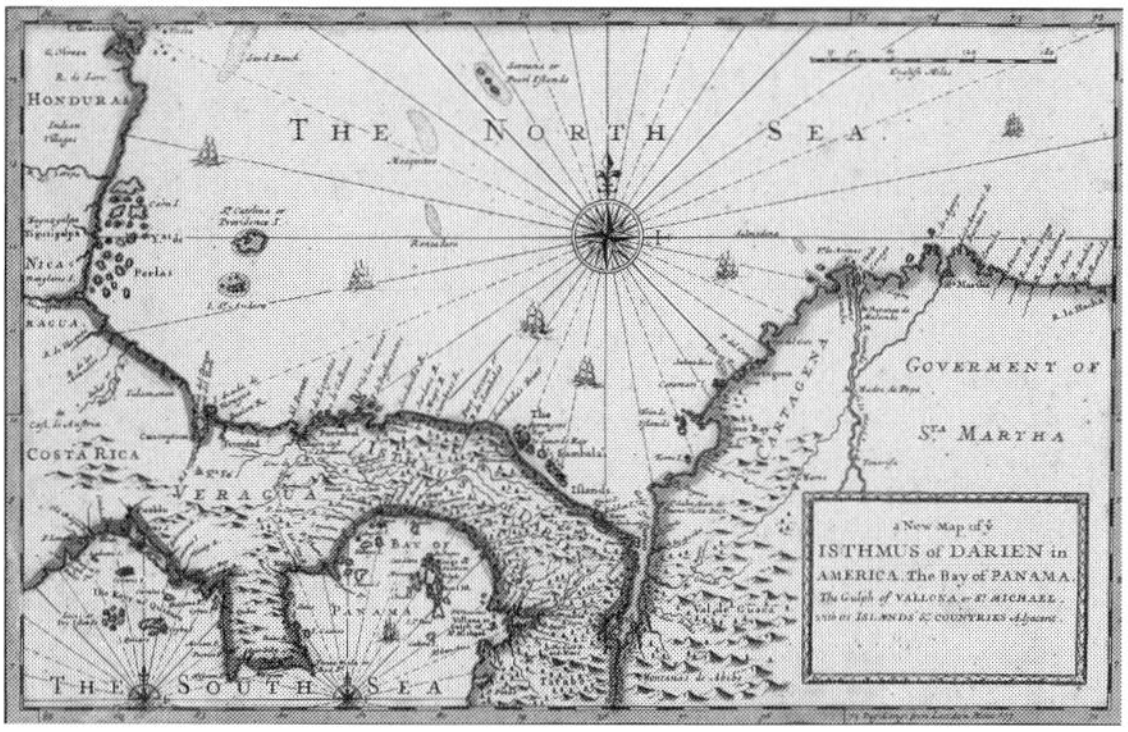

中米と南米をつなぐダリエン地峡の1721年の地図。Getty Images: Historical Map Works LLC and Osher Map Library

　パターソンのために言っておくと、彼の構想のすべてが嘆かわしかったわけではなかった。事実、構想の一つは今日まで続いている。それは一六九一年に最初にイングランド銀行の創立を提案し、一六九四年に共同で創設したことである（ちなみに、イングランド銀行がスコットランド人によって創設された一年後、スコットランド銀行はイングランド人によって創設されている）。パターソンは先見の明があり、世界規模の貿易の形態が今日の世界をどのように形づくるかをずっと早くから見通していたし、「貿易は貿易を増やし、金は金を永遠に産ませ続ける」と書いているように楽観的な考えの持ち主だった。だが、それでいて極端に頑固な人物でもあった。パターソンの態度は、ともに銀行を立ち上げたイングランド銀行の取締役たちを怒らせ、創設から一年も経たないうちに理事会からの辞任を余儀なくされた。

そしてパターソンは長年、憑かれたようにずっと心から離れなかった発想に立ち戻った。それはアメリカ大陸の最も細くくびれた細長い地、パナマ地峡の東海岸に位置するダリエンを貿易の植民地にする構想だった。パナマを通れば大西洋と太平洋の間を最も往来しやすいことは、有名なパナマ運河が建設される何世紀も前からわかりきっていた。陸路で行くのもそうたやすくはないとはいえ、それでもアメリカ大陸を南下して最南端のホーン岬をまわるか、マゼラン海峡を通るかという危険な航行をするより、ずっと早くて安全だった。ダリエンについてパターソンは思い入れたっぷりに、太平洋と大西洋の「二つの海をつなぐ扉で世界へと通じる鍵」になると記している。

これはヨーロッパ列強の植民地が野放図に拡大していた初期のピークのころで、スコットランドは列強の仲間に加わりたかった。一六九〇年代、スペインとポルトガルは二世紀の間に、アメリカ大陸の植民地から搾取《さくしゅ》した資源をもとに莫大な富を得ていた。その後、イングランドとオランダも植民地の争奪戦に加わった。ヨーロッパ諸国は、アジア、アフリカ、アメリカのどの大陸でも、全般的に「銃を持ってやってきて、あるものすべてを奪いつくす」という戦略を取り、世界中で覇権を争っていた。そして、無尽蔵な富を約束し続けた植民地の獲得競争は少しも衰える兆しを見せなかった。

帝国の時代はまた金融革命の時代でもあった。この結果、植民地の前線を宗主国《そうしゅこく》がじかに運営しただけではなく、宗主国が後ろ盾になった公開取引の共同出資会社、すなわちジョイント・ストック・

カンパニーが運営することもよくあった。このことが貿易業と地政学との間の線引きをあいまいにした。このような形態の会社には、イングランド東インド会社やオランダ東インド会社などの悪名高い巨大商事会社があった。パターソンがダリエンの事業で全般的に模倣しようとしたのはこの形態だった。こうした会社はたいていの国家より世界規模の展開に富み、潤沢な資金を有し、一定の権力を握っていた。イングランド東インド会社や、オランダ東インド会社などが、当初からしばしば国のように機能したのは確かである。そして、自国の政府以上に絶大な影響力をふるった。こんなことはまさか今日では起こらない、と言いたいところだ。

これに加えて、一六九〇年代はまた、スコットランドにとって先行きの不安や疑いが渦巻く時代だった。聖書編纂と魔女いびりで有名なスコットランド国王、ジェームズ六世が南の隣国イングランドへ引っ越し、一六〇三年にスコットランド、イングランド、アイルランドの王冠を一つにまとめて以来、スコットランド人は心穏やかならぬものがあった。スコットランドはこの連合の一部になったとはいえ、政治的には依然として独立した国であり、スコットランド独自の議会で独自の法律を可決させていたし、独自の通貨の流通を維持し続けていた。しかしながらこの統合によって、イングランドにだけ都合のいい不公正な取り決めであり、スコットランドは割を食っているという思いがスコットランド社会の各層で強まっていた。これにはもっともな根拠があった。統合されてからは、イングランドとは兄弟分でありながら、スコットランドはつねに貧乏のままで、イングランドの独断でロンドンから一方的に通達される決定事項は、つねに決まってイングランドびいきだった。こうしたことから、王冠連合はスコットランドには損が立つばかりだった。

こうした気運は、ほかの者たちがイングランドとの連合を深めるようにと勧めることで、かえって強まるばかりだった。すでにスコットランドで高まっていた苦々しい空気は、一六九〇年代の財政不安でさらに掻き立てられた。イングランドは財政危機に陥り、国王は外国との戦争に明け暮れて戦費を工面していた。一方、スコットランドは七年の不況と凶作と飢饉《ききん》により大勢が飢餓と貧困にあえいでいた。この経済危機によりスコットランド人たちは、たとえ危険が待ち受けていようとも、現状を打破するための賭けに出る覚悟はすでにできていた。だから、パターソンのダリエン計画がもたらされたとき、それはたちまちスコットランド人の心をつかみ、スコットランドが再び独立を果たす手段として、国を愛する情熱が沸き立った。これが実現すればスコットランドは連合の縛りから解き放たれて、以前のように自国の未来の主導権を自分たちで握ることができる。だからこそ、スコットランド議会はパターソンの「アフリカとインド諸島のスコットランド貿易会社」の後ろ盾になり、その決議は幅広い権限を与え、経済面で破格に気前のいい好条件を与えた。

ところが、パターソンは国の誇りの問題として構想を胸に抱いていたわけではなかった。実際、祖国に戻る前はほかの国々に後ろ盾になってくれるようにと呼びかけていたし、一六九五年にこれがスコットランドの事業だとはっきり確定すると、あろうことかパターソンはロンドンで事業の資金を募る活動をし始めた。つまり、スコットランドで事業のお墨つきをもらいながら、資金集めはイングランドで始めたのだ。これがすべての歯車が狂い出したきっかけだった。パターソンも、ほかのスコットランド会社の創設者たちも、最初の警告の兆しを気にも留めなかった。

だが初めに断っておくが、物事はうまくいかなかったのではなかった。事実、物事はとてもうまくいった。うまくいきすぎた。パターソンのロンドンでの評判の良さ、営業マンとしての才覚、世界に羽ばたくジョイント・ストック・カンパニーの実現に向けた並々ならぬ熱意。こうしたことから、スコットランド会社は難なく支援者を見つけ、総額三〇万ポンドの投資の誓約を惹きつけた。巨額である。あいにくだったのは、あまりにも多くの人たちがこの計画に興味を示したことが災いして、イングランド東インド会社がこの噂を嗅ぎつけないわけがなかったことである。

イングランド東インド会社は、遠回しに言うならライバルの出現を快く思わなかった、彼らもロンドンのほかの商社と同じく、ここ一〇年の経済不況に神経を尖らせていたわけではなかったし、ことにその年は大きな損失を出していた。スコットランド会社はこの時点で目標をパナマに定めていたし、ダリエンのことは極秘にしておきたかったので、アメリカ大陸に遠征をする構想を公然と表明することもなかった。その代わり、会社の正式名が示しているように、計画をアフリカと東インド諸島に焦点を当てて売り込んでいた。イングランド東インド会社の反応は、初めからわかりきっていたことだが、ざっくりと言えば、「絶対にそうはさせるものか」だった。

ただ、「大々的に国際貿易をしたい」と言ったからといって、さらには欲しい物リストに取引条件を載せたからと言って、そうそう残りの世界がそれに同意するようにはならない。イングランド東インド会社、つまり、イングランド帝国の植民地政策の成功の可否にその資金と権力が分かちがたく結びついていた大会社は、さっそく影響力を行使し始めた。これはスコットランド会社が受けた最初の国際貿易の試練であり、過酷な政治的圧力だった。

スコットランド議会の決議内容は、イングランド議会の議員たちの逆鱗《げきりん》に触れた。スコットランド議会はスコットランド会社の自由貿易を承認し、それは二一年間の税関費用と輸入関税と法人税の完全なる免除という夢のような好条件を与えるものだった。このことが仇《あだ》になった。イングランド議会の議員たちが知りたかったのは、こういうことだった。これが実現したら、イングランドとスコットランドの間の税関や貿易の関係性にどのような影響が出るのか。そして、スコットランド議会はいかなる権利があって、そうした条件の可決を許されたのか。両国間の国境線、つまり責任分担があいまいだったために、あるイングランドの議員はこんな警告をした。「スコットランドを通じて非公式にイングランドに持ち込まれる輸入品は……イングランドの税関における権益を大きく損なうものです」

イングランド議会は証人喚問をして、スコットランド会社に関する報告を命じ、この事業に携わるイングランド議員がいようものなら、その議員を弾劾するぞと脅しをかけた。案の定、国王ウィリアム三世はイングランド議会の肩を持ち、王の名のもとに激怒していることを知らしめた。この時点でパターソンがそれまでに取りつけたロンドンでの投資の誓約は、なぜかすべてたち消えになっていた。

スコットランド会社が海外で資金調達しようとしたときも、まるで同じことが起こった。これは貿易の中心地アムステルダムとハンブルクでのことである。イングランド東インド会社以上に、スコットランドの事業を面白く思っていなかったオランダ東インド会社は、陰で影響力を及ぼし、狡知《こうち》に長けたイングランドの外交官が事業を中傷する噂話をこのうえなく抜け目のないやり口で流したこととあいまって、パターソンとその仲間たちは、コーヒーを飲みながらの会議をどれだけ重ねても、相手から事業の話を引き出されるばかりで、肝心な金にはいっこうに結びつかなくなった。

だが、それまでイングランドが国ぐるみでスコットランドの夢を打ち砕くためにしてきた仕打ちが、外部からの投資を締め出すのに効果覿面《てきめん》だったなら、スコットランド国内には正反対の効果をもたらした。この会社がここまで不当な扱いを受けるのはおかしいというしごくまともな正義感に駆られ、スコットランド人たちはスコットランド会社を単なる金儲けの機会ではなく、わが国の象徴という想いで胸にかき抱いた。パターソンは国旗をかかげてダリエン計画を進める意図はなく、ただ貿易についての考案を実行に移したかっただけかもしれない。だが生まれながらの営業マンだった彼は、大衆の感情の高まりに乗じるべきタイミングをよくわかっていた。だから、国を愛するスコットランド人の情熱や忿怒《ふんぬ》のほとばしりに自らの事業を喜んでつなげた。

スコットランド会社の株式予約の公募が一六九六年二月二六日にエディンバラで始まったとき、大勢の群衆が押し寄せた。株券を買うチケット売りに大人気のミュージカル並みの人だかりができたのは尋常ではなかった。スコットランド人たちはこの計画に惜しみなく金を注ぎ込んだ。当時、スコットランドはけっして富裕国ではなかったが、かといって七年の災禍の間でも貧乏国ではなかった。ほかの大半のヨーロッパの国々のように、スコットランドでも中産階級が急増し、この層が事業計画を最も熱心に支援した。東インド会社などへの投資家は貴族や裕福な商人だけにかたよっていたため、こうしたことはほかのジョイント・ストック・カンパニーには見られないことだった。歴史家であり著述家でもあるダグラス・ワットはスコットランド会社の記録を著書『スコットランドの価格』で検証している。それによると、貴族を除く最大の支援者は小規模の地主集団だった。それだけではない。スコットランド社会の縮図とも言える、身分の高い者から低い者までもがこぞってこの会社に投資した。爵位のある者から始まって、弁護士、医者、教会の牧師のような地位の高い者、続いて、教師、仕立屋、兵士、時計職人のような技能職の者、そして労働者では、少なくとも石鹸《せっけん》製造人がひとりいて、金に余裕のある使用人までもが名を連ねていた。スコットランドの熱き想いは人から人へと伝染した。町では植民地に待ち受けている豊かな富の話題が口々にのぼっていた。また、スコットランド会社をたたえる詩や歌がつくられて、会社がうまくいくようにと誰もかれもが幸運を祈っていた。

歴史のあいまいさに加え、スコットランドで二種類の通貨が使われていたこともあり、投資総額がいくらだったかを正確に割り出すのはむずかしい。だが、ワットは当時のスコットランドの資産全体の六分の一から半分までの間のどこかに相当する金額が、スコットランド会社の金庫に支払われたと概算した。現金で支払わなければならなかった手付金は一部だけだったが、誓約された全額を含めたら、投資額は国が保有する硬貨全額をしのいでいたかもしれない。

はっきりさせておくと、これは良いことではない。

パターソンはどのように金融ブームが勢いづくかを熟知していたようで、これを商売に応用した。事実、彼は「口コミによる伝搬力」という奇妙なほど現代的に思える観点から、そのことを論じていた。一六九六年の手紙ではこう書いている。「最初から熱くならなければ、資金集めはまず成功しないか、けっして成功しない。群衆はたいてい理屈より例にならうものだ」。重要だったのはおそらく、スコットランド会社の株式の予約公募が非公開ではなく、公開だったことだろう。会社はあえて投資家の名前を公表したので、誰が投資しているかを誰もが閲覧できた。それにパターソンは著名人、言うなれば「インフルエンサー」が大勢の例となり、理屈より力強く大勢を引き寄せてくれると期待して、彼らに狙いを定めて初期の支援者を募っていた。現代のキックスターターやゴーファンドミーなどのクラウドファウンディングのサイトと同様のことを、パターソンは一七世紀にしたのだ。つまり、スコットランド会社への投資を、単なる私的な投資先から「この会社を支援する」という公の宣言に塗り変えたのである。逆にそこに名前がないことで、支援していないことを目立たせもした。

当然のごとく、これは社会的な同調圧力をおのずと強めるブームになり、反対や疑いの声を強引にかき消す空気をつくりあげた。一六九六年、ジョン・ホーランド（スコットランド銀行を創設したイングランド人）がこの計画を批判しようとしたとき、イングランド東インド会社のまわし者だと非難されたことを苦々しく書き記している。「この国の者たちはインドとアフリカの貿易会社に夢中なあまり、多くの者が私に偏見を抱いている。あの計画はやり方がまずいと言われて反論できなかったので、ホーランドさんの言うことなんか信じちゃだめだぞ、あの人はイングランド人だからな、と口々に言い立てたのだ……この件について自由に考えを述べるだけでも危険な状況だ。誰もが自分の意見を言うことを恐れて怖がっている」

イングランドの横暴な妨害行為に対する憤り、自国を愛し信じる心、約束された大きな見返り、心をつかんで離さない見通し、支援を取り付けるためのパターソンの知恵、昔ながらの一攫千金《いっかくせんきん》への誘惑などがないまぜになって、とめどない熱狂を一挙に盛り上げるのにこのうえなくふさわしい状態ができていた。そして、いよいよ一六九八年七月一四日、大勢が明るく楽しげに手を振って、五隻の大型船でリース港から旅立った。ウィリアム・パターソンと希望に満ちた一二〇〇人の一行は、パターソンがいまだ見たことのない中央アメリカの目的地へと向かった。

あれ、ウィリアム・パターソンは一度もダリエンを訪れたことがなかったと言わなかったっけ？ われらがパターソンの大いなる貿易の場として、なぜそんなにダリエンに固執したのかは今日でも謎のままだ。確かにパターソンは商人としてカリブ海諸島で多大な時間を過ごしていたが、パナマ地峡付近のどこかを訪れたという記録は、パターソンの伝記にも、公文書にも載っていない。だがその話は十中八九、海賊たちから聞いたようだ（これはCGI映画でないパイレーツ・オブ・カリビアン、つまり本物のカリブ海の海賊たちが実在して活躍していた「海賊の黄金時代」の話である）。海賊は正真正銘の泥棒であることもあったし、植民地をめぐるライバル国を困らせるために宗主国の暗黙の後ろ盾があることもよくあった。

パターソンがスコットランド帝国の世界の拠点としてダリエンの構想を支援するようにと、ただの聞き伝えをもとに、どうやってほかの取締役たちを一貫して説き伏せられたのかは定かではない。進路を変える機会はいくらでもあったはずで、実際、船団が出航する一年前の一六九七年には、もっと控えめな目標に焦点を当てようと、ダリエン計画を反故にしかけたこともあった。

スコットランド会社は、エディンバラで資金調達をしてから潤沢な現金があったが、資金をやみくもに使いすぎて、そのころには計画の目標を遂行できる資金があるかもわからなかった（大半のライバル社がレンタルの船団でしのいでいたとき、愚かにもヨーロッパで最先端の船舶を新品で購入したのだ。おそらくはオランダやドイツの潜在的な投資家たちに向けて、あえて大見得《おおみえ》を切ったのだろう。たとえて言えば、まだ収益のないハイテク新興会社が、街の一等地に豪奢なオフィスをかまえるようなものである）。取締役たちが抱えていた評判の良い専門家たちは遠征の実行可能性に疑いを投げかけ、調達した資金を大それた帝国の構想に使うより、まずはアジアの小規模な貿易に費やしたらどうかとうながした。ダリエンを目的地にするリスクをよくわかったうえで、これより適切かもしれないアメリカ大陸の候補地をいくつか上げもした。だがそれでも、この冷静でまっとうな教養がある立派な人々は正しいことをしていると確信し、計画を推し進めた。

一六九八年一一月初めに入植者たちが到着したすぐあとで、そのリスクは浮き彫りになり始めた。ライバル社に知られまいと、スコットランド会社がむだに計画を内密にし続けた努力のたまもので、入植者の多くはダリエンが目的地だと知りもせず、その計画は船が出港したときになって初めてわかった。

初めはすべてがとても素晴らしく思えた。入植者たちはその地の自然の美しさに魅せられて、リクガメ、ナマケモノ、オオアリクイなど、彼らにとっては珍しい外来種に畏敬の念を抱いた。地元のグナ族は友好的で、金鉱がほんの数キロ先にあると教えてくれた。入植者たちは「このうえなく上等な港」、つまり三キロ以上もの浜が続く天然の地形に守られた入り江を眺めて舞い上がった。入植者のひとり政治家のヒュー・ローズは、この港は「世界最高の一〇〇〇隻の船を収容することも可能だ」とたたえた。ほかの日記の筆者も、「土は豊かだし、空気はきれいで温暖だし、あらゆるものがこの地を健康に良くて、便利なものにしている」と胸を高鳴らせた。

さすがに「健康に良くて」は穿《うが》ちすぎだったかもしれない。ほどなくして入植者たちは病気になって落命し始めた。ウィリアム・パターソンの妻もそのひとりで、上陸して二週間も経たないうちに亡くなった。それから数日後、この集落で最後の聖職者までもがふいに命を落とした。

だがこうした悲惨な出来事にもめげず、入植者たちはこの計画がうまくいくと心から信じていた。この入り江はスコットランドの昔からの呼び名にちなんでカレドニアと名づけ、さっそく最初の町の建設に取りかかった。この町はニューエディンバラと名づけた。彼らはその地の素晴らしさに有頂天になって、故郷に吉報を届けるべく遠征隊の会計主任、アレクザンダー・ハミルトン（アメリカの財務長官になったほうではない）を、通りすがりのフランスの海賊船に乗せてもらい、スコットランドに送り出した。

状況がどうなっていくかを示す、かなりはっきりとした悪い兆しがあったのは、ハミルトンを乗せた船が港を離れたとたんに沈んだときだった。

この時点で、なぜこんなに大きな天然港がほかの宗主国に使われていなかったのかがはっきりとしてきた。イーグルスの「ホテル・カリフォルニア」さながらに、入るのは楽だが出るのは別だった。入り江の地形に守られた海域から出航しようとすると、決まって向かい風が吹いてきて、船はたちまち押し戻されて大波にのまれてしまうのだ。ハミルトンを乗せた船は三〇分もしないうちに粉々に打ち砕かれて、乗組員のほぼ半数が溺れ死んでしまった（ハミルトン自身は生き延びてスコットランドに戻り、故郷の皆に遠征がうまくいっているという朗報を伝えている）。竜骨が浅い高価な大型船はカリブ海には不向きだと、経験豊富な航海士たちに前もって忠告されていたが、スコットランド会社はその助言に耳を貸さなかった。貿易の植民地のはずなのに、年に何ヶ月間も船を港から動かせないことで考えを変えたかというと、そんなことはなかった。

また、彼らが貿易全体の構想をどれだけ明白に考え抜いたかについても疑問だった。ダグラス・ワットの調査からわかるのは、貿易という目的のために、貿易する品物に費やした予算はわずかだったことだ。持ってきたものの大半は、膨大な布の生地、二〇〇個以上の紳士用かつら、相当数のしゃれた靴、大量のくしだった（くしをそんなに大量に持ってきて、世界のいたるところで原住民がそれを見て大喜びし、即座に土地を差し出すとでも思ったのだろうか。結局、グナ族はくしには洟《はな》も引っかけなかったようだ）。これとは逆に、目的が単にここに町を築くだけだったなら、もっとかつらは少なくして、代わりにもう少し多めに道具を持ってきてもいいはずだった。

ニューエディンバラの町の建設が始まると、士気が急速に落ち始めた。労働は骨が折れるもので、スコットランドではありえない灼熱の中で行われた。二ヶ月間、鬱蒼と茂る密林をナタで切り開いたが、どんなにそうしたところで実りはなく、けっして手に負えないかのように思われた。あげくの果て、現場責任者たちが「建設しようとした地はそもそも見当違いな場所（パターソンの表現では、「めったにない泥沼」）だった」などと決めつけ、それまで労働に励んできた者たちの士気をいっそう削いだ。そして、雨季が始まった。パナマの雨季はスコットランドの雨季とは大違いである。日記の筆者であるローズも、この地についての前向きな見解をにわかにひるがえし、こう書いた。「マングローブと沼地だらけの地が、本土と入江の周辺を取りかこんでいる。これは健康に悪い」

沼地は健康に悪いどころではなかった。すでにパターソンの妻を亡き者にした病気はさらに大勢の入植者たちに蔓延し始めた。この病気の正体は不明で、ただ単に「高熱」と記録されているだけだが、最もありうるのは沼地に潜む蚊が媒介したマラリアか黄熱病《おうねつびょう》だった。もちろん、どちらの伝染病もヨーロッパ人が旧世界からわざわざもたらした病気である。入植者たちの致死率は異常に高かった。

熱病にかからなかった者たちも、そのほかの理由で健康を害していった。スコットランド会社が定めた旅の大きな特典はふんだんな酒で、カレドニアのスコットランド人たちは、悲しみをラムとブランデーの中に沈め始めた。だがそうすることで、ニューエディンバラの建設が少しでも早まることはなかった。しばらくして現場責任者たちは町の建設をすっかり放棄することに決め、要塞の建設のほうに焦点を当て始めた。スペインからの大規模な攻撃に対する警戒心が高まっていたからだ。

そう、スペインである。パターソンの計画にあった問題のなかでも、火を見るより明らかな最大の障壁にまだ触れていなかった。スペインはすでにダリエンを自分たちのものだと思っていたという事実である。

このことはいくつかのちょっとしたヒントで気がついた。スペインはほぼ二世紀にわたって、パナマ地峡で活動していたこと。ダリエンは彼らが南アメリカ大陸から略奪した金銀を船で本国に輸送する中継地となる生命線であり、彼らの主要な植民地三都市をつなぐ位置にあったこと。スペインは過去にダリエンを占領し、スコットランド人が今しがた発見した問題のために放棄したこと。スペインがさあどうぞと新規参入国をすんなり入らせて、自分たちの植民地のど真ん中にだしぬけに新しい植民地を作らせると考えたなら爆笑ものだ。

スコットランド会社は、なぜスペインがこれを許すと思ったのだろう？　理解しがたい謎である。だが少なくとも、だいたいの考えは推測できる。スペイン勢力下のその地でスペインをやっつけたという海賊たちの胸ときめく武勇伝に浮き足立って、スペインの長く続いた帝国の栄光は過去のものとなり、今ではただのはったりでしかないと思ったようだ。スペイン海軍はスコットランドより数で勝っていたのに（海軍一つに対して、こちらは海軍ゼロなのだから当然だ）、スペインからの最初の猛勢をやりすごせたら、スペインのこけおどしがどんなものかを見てやればいいくらいに思ったのだろう。

あいにく……そんなふうにはいかなかった。まず初めに、そもそもスペインはじかに手を下す必要さえなかった。スコットランドの事業をくじくためにイングランドがしてきた妨害工作がこれまで損害を与えてきたというなら、今、ここで起こっていることと比べたらまだ序の口だった。スペインはすみやかに外交儀礼に則って、国王ウィリアム三世にこう伝えるだけでよかった。スコットランドのちょこざいな事業は、まさしく貴国と一戦を交えるに値すると。やっとのことでイングランドの定例行事、フランスとの戦争から抜けられたばかりだったウィリアムは、なんとしてもスペインとの和平を保ちたかった。それで、すぐさまこんな命令を出した。いかなるイングランドの領土も、船も、スコットランド人に物資の提供をしたり、援助をしたりしてはならない、どんな形であってもスコットランド人とやりとりしてはならない。

この知らせがカレドニアに届くと、入植者たちは落胆した。この地にやってきてから、スコットランドから便りが届くことはなかった。再三呼びかけても、新たな補給が届くことはなかった。故郷から遠く切り離され、連合地域の同盟を求める望みも打ち砕かれたのだ。

イングランドのこの禁止令が出される前に、開拓者たちはすでにスペインからの小規模な攻撃を撃退していた。スペインとの戦いで得たこの小さな勝利で、スコットランド人たちの士気の低迷はしばらく改善したが、すぐに帳消しになった。船の一隻が貿易の相手探しに出航している間にスペインに拿捕《だほ》されて、積み荷を横取りされ、乗組員は牢屋に入れられてしまったからである。スペインの軍勢が迫っていることは、イングランド船の船長から事前に知らされていた。なぜこんなところにイングランド船が停泊していたかというと、スコットランドの動向を偵察していたのだ。先回りをして一行がその地にやってくる前からそこにいたのである。スコットランド会社は内密に計画を進めるのが実に下手で、不面目なことに、そうする適性がまるでなかった。

今やカレドニアの人口の半分は死んだか、死にかけているか、牢屋にぶち込まれたかで、残りの半分は疲弊しきっていた。食料は底をつき、飢えに苦しみ、酒の後遺症に苦しんでいた。完全に孤立させられたという知らせは、これまで耐え抜いてきた労苦と落胆の限度を超えていた。すっかり見捨てられたと思い、集団でダリエンを放棄することに決め、泣く泣く家路に着いた。

ウィリアム・パターソンは、人生の大半をかけて想い焦がれた地にようやく着いてからたった九ヶ月で男やもめになり、今は彼も病に臥せって出航を待つ船に運び込まれた。熱病はなんとか生き延びたが、もうダリエンの地を見ることはなかった。

病いにやつれ果てた開拓者たちの帰途は、ダリエンにいたころと同じくらいつらいものだった。船着場から出るだけで一週間近くかかり、ジャマイカとニューヨークを経由する帰路でさらに何百人もが命を落とした。一隻の船は海に沈み、もう一隻はあらかた壊れてしまった。最終的にたった一隻の船だけが、どうにかこうにかスコットランドにたどり着けた。だがついてないことに、先発隊の様子を見にダリエンへと向かった船団と行き違いになり、二度目の船団の出航をやめさせることはできなかった。

そう。スコットランド会社は、長いこと延ばし延ばしにしていた増援物資を、今ごろ、ようやく送ることにしたのだ。もう遅すぎるときになってから。

この二度目の船団は一六九九年一一月末に到着し、「途方もない荒れ野」を目のあたりにした。うち捨てられたニューエディンバラの町の残骸、生い茂る緑に埋もれた要塞、そして、浅く掘られた程度の大勢の墓。思いとどまる理由はいくらでもあったのに、そうしたものを見ても、新たに到着した開拓者たちは、さらなる補給を求めて故郷に船を送り返している間、この地にとどまって町を再建し、保持することにした。結果は、さらに多くの人たちが病におかされて死んだだけでなく、スペインへの貢物となってしまった。つまり、勢力が衰えていないことを知らしめる機会をスペインに与えたのだ。世紀が変わって数ヶ月後、その地の支配者が誰であるかを知らしめてやろうと、スペイン軍がやってきた。熱病でやつれ果てたスコットランド人たちは孤軍奮闘し、しばらくは包囲戦に耐えていたが、四月には降伏を強いられた。これがスコットランド帝国の終焉だった。

スペインは負けを喫した入植者たちをそのまま放免した。おそらくは尻尾を巻いて逃げ出した敵がばらまいてくれる噂話は宣伝の価値ありとわかったうえでそうしたのか、そうでなければ、哀れな敵への同情心からかもしれない。そして、またしても何百人もが旅の帰路で熱病におかされて命を落とした。激しい嵐がさらに二隻の船を破壊し、さらに一〇〇人の命が奪われた。ついてなかった会計主任のアレクザンダー・ハミルトンもそのひとりだった。いったんは故郷へ戻ったこの人物は、最初の難破にもめげずに二度目の船団でダリエンに戻ると決意したのに。

総勢三〇〇〇人近くがスコットランドからダリエンに出航し、一五〇〇人から二〇〇〇人の人たちがカレドニアの港か海で落命したと考えられている。なんとか命を取りとめた人たちも、多くはスコットランドに戻らなかった。

故郷エディンバラでは計画が失敗したというニュースが波のように襲いかかり、一七〇〇年代の間じゅう、悲報が滴《したた》り落ちてきた。新たにはっきりと分極した政治状況のなかで、この問題は政争の具となり、反応は二手に分かれた。恥ずべき失敗をスコットランド会社の取締役たちのせいにする者もいれば、誠実さのかけらもないイングランド人の介入のせいにする者もいた。エディンバラでは会社を擁護して暴動が起こった。憤懣《ふんまん》やるかたない思いで、命からがら国に戻った開拓者たちは会社の取締役を激しくののしるパンフレットを配り、そのことで逆に罰当たりだと責められた。会社を擁護した三人は政府を貶《おとし》めるビラを撒いたことで、有罪にはならなかったが反逆罪で訴えられた。事実がどうであったかはもはやどうでもよかった。要は誰の肩を持つかでしかなかった。

この影響は政治だけでなく、経済にも及んだ。経済危機のただ中にあって、国の総資産の大きな割合がすっかり無に期したのだ。大金を投じた個人投資家たちは巨額の金を失い、それを取り返すあてもなさそうだった。スコットランドはただ屈辱を味わい、国力を弱めただけだった。

もちろん、大きな政治の変化がたった一つの理由で起こることはない。スコットランドをイングランドとの完全なる連合へと推し進めた原動力は複雑で、単にパターソンの無謀な計画が頓挫《とんざ》したことで、いきなりぽんと出てきたわけではなかった。これは結局、国境も同盟も二週間ごとに変化するかのように思われた一七世紀の終焉だった。だが、ダリエン計画の失敗がこれに大きく寄与したことは否めない。数年後、イングランドは公的に連合となる合意と引き換えに、スコットランドが負った借金の払い戻しを申し出た。国に対してだけでなく、スコットランド会社の個人投資家に対しても。それはもともとの投資額に加えて気前の良い利息をつけた額だった。

多くのスコットランド人たちがこれを賄賂《わいろ》と呼び、八〇年後にロバート・バーンズが詩に読んだように、「イングランドの金と引き換えに、私たちは身売りされた」と思った。この顚末をどう見るかは、ほかに選択肢がなくなるまでスコットランドを追い詰めて、自立できないように仕向けてきたイングランドの腹黒い陰謀だと言う者たちもいた。もちろん、ただ金が戻ってくればいいという者たちもいた。

パターソンはこの連合に賛成の考えだった。

一七〇七年五月にUK、つまり連合王国が発足した。八月には厳重に警備された荷馬車が、約四〇万ポンドの金を積んでエディンバラにやってきた。

これについて言えることは、パターソンはあながち間違ってはいなかったということだ。パナマは植民地にするのにふさわしい上等な場所だった。事実、考古学者のマーク・ホートンは二〇〇七年にパナマ地峡を調査し、パターソンが提案したダリエンからの通商路は実際に現実的だったと結論づけた。世界貿易の発展の行方についてのパターソンの予想についても、今日の観点からして、それほど的はずれだったようには思えない。さらに、パターソンはダリエンを帝国の暴虐に代わる非暴力の地にすると明確にして宣伝し、そこでの貿易は「アレクサンドロス大王やカエサルのように罪悪や流血で汚す」ことなく富を得ることが可能だと書いている。これは率直に言って、当時としては格段に意識が高いと言っていい。それでも、手放しで称賛するのはよそう。手つかずの金鉱がダリエンに眠っているると聞いて気を良くしていたからには、この計画に乗った大勢の投資家たちは、天然資源の強奪もやぶさかではなかったのだから。

では、何がこんなにこの事業をくじいたかというと、この計画の取締役たちが、面倒な問題は脇に置いていたからである。どんな種類の船が必要で、どんな物資を積むかという詳細はおざなりだった。それにそうすることで、どのような地政学的な意味が生じてくるかという全体像にもかまわなかった。それでいて、頓挫や危険が生じると、そのときどきに湧き上がる感情に突き動かされて、さらにかたくなに正しいことをしていると信じた。これは集団思考の典型例である。

今日でもダリエンはスコットランドを二分する話題である。二〇一四年に行われたスコットランド独立の是非を問う住民投票では、ダリエンは両陣営にとっての寓話となった。ナショナリストにとっては、イングランドがどんなにやっきになって妨害工作を重ね、つねにスコットランドの希望を抑えつけてきたかを物語る比喩であり、かたや連合主義者にとっては、安定を放棄して現実離れした野望を抱くとこういう目に遭うぞという教訓だった。

この物語は寓話として役に立つ。つまり、これは一国が地政学的に最も近い貿易パートナーとの政治的連合に背を向け、足枷《あしかせ》をはずして世界で活躍したいという空想めいた展望を支持した話である。その展望は自由貿易に熱を上げ、帝国の建設を夢見た者たちが推し進めた。自国が不当に虐げられているという愛国心にのまれて、明確な計画をおざなりにし、状況を現実的にどう実践するかに当たっての専門家の警告を無視したのだ。

どうやら某国では今、この寓話に喩えられる事態が起こっているようである。

探検に失敗した五人の探検家

ルイ・アントワーヌ・ド・ブーガンヴィル

フランス人の探検家。初めて世界一周したフランス人となったが、グレート・バリア・リーフ付近まで行ったにもかかわらず、引き返したため、オーストラリアを発見できなかった。

ジョン・エヴァンス

ウェールズ人の探検家。一七九〇年代の五年間を費やして、「失われたウェールズ族」をアメリカで探した。スペイン人にスパイだと疑われて監禁されたのち、ついにウェールズ族を見つけたと思ったが、それはマンダン族だった。

ヴィルヤルマー・ステファンソン

北極はいたって快適な場所だと信じ、一九一三年に北極に探検隊を率いたカナダ人の探検家。船が氷にはさまれて座礁すると、乗組員たちに少人数で食べ物を見つけてくると言い残し、すぐに彼らを見捨てた。

ルイス・ラセター

一九三〇年、ラセターは何年か前にオーストラリア中央の砂漠で巨大な純金の岩を見つけたと言い、それを探すために調査隊を率いた。だがそんなものはなく、隊員はしだいに彼を見捨てた。そしてラセターが大便をしているすきにラクダが逃げ出し、そこで彼は死を迎えた。

サロモン・アウグスト・アンドレー

スウェーデンの技師であり、冒険家であるサロモン・アンドレーは水素気球で北極を目指すという素晴らしい考えを思いついた。そして気球の水素ガスが漏れているにもかかわらず出発し、彼と乗組員は北極のどこかで落命した。

第8章　外交の決断が国の存亡を決める

「発見の時代」に世界旅行が爆発的に増えるにつれて、あらゆる種類の戦争が偶発する機会も激増した。憤慨させる国の数が飛躍的に増えたからである。どんなに人類が戦争好きだとはいえ、ときには戦争の勃発を避けたいこともあると仮定すると、最良なのは外交である。ハラッパー文明の人たちがどうしていたのかはわからないので、ハラッパー文明以外の方法ではそうだ、ということであるが。外交は人間の大集団が互いにわずらわしい人間にならない技法だ。いや、誰もがときにはわずらわしい人間になるが、少なくとも、それでもいいから、まあ、落ちつこうではないかと互いに同意していける技法である。

だが残念なことに、私たちは互いにそうすることがあまりうまくない。

国際関係における大きな問題は、人間のやりとりのもっと一般的で根本的な問題に根ざしている。具体的に言うと、二つの大原則にかかわってくる。

一、人を信用するのは良いことだ
二、しかし、ほどほどに！

これは歴史上、異なる文化が接触するあらゆる場面でつきまとうジレンマである。具合の悪いことに、その瞬間を生きている人にとって、どちらの選択が正しいかを知る方法はない。これはまだあまり解明されていない問題であるが、少なくとも過去に生きた人々の選択を振り返ってみるという贅沢ができるのはありがたい。そして、こう独りごちるのだ。「ああ、選択を誤ったねえ」と。

これはコロンブスがやってきたときにタイノー族が直面した問題である。両者が最初に出会ったとき、タイノー族はコロンブスを信用しきった。そして、コロンブスはタイノー族の感じがよくて親しい態度にいたく感銘を受けた。当然、コロンブスは誰かが感じがよくて親しい態度を取ったときにみせる通常どおりの反応をした。つまり、「この人たちはいい奴隷になりそうだ」と思ったのだ。数日間、よく考えたあとで考えを深めた。「全員を奴隷にして都合よく使うのに、五〇人の男で足りるな」と。コロンブスというのはまったくいいやつだ。

何十年か後、アステカ帝国の統治者であるモクテスマ二世が、エルナン・コルテスの目論見を測りかねて最悪な決断をしたときに、だいたい同じことがもっと大規模に起こった。

アステカ（彼らは自分たちをメシカと呼んでいた）は、今では中央メキシコになっている太平洋岸から大西洋岸までの大きな帝国を統治していた。モクテスマは新大陸で最大の最も発展した都市、テノチティトランの都市国家（今日のメキシコシティの場所に位置する）で帝国を統率していた。あらゆることがうまくいっていたが、それは一五一九年にコルテスがユカタン海岸に上陸するまでのことだった。

コルテスは征服者であっただけではない。命令に従わない猛獣のような征服者だった。彼はスペイン人のキューバ総督の信任を得なかったために、探検任務の統率者からはずされた。だがコルテスはそれでも船を盗み、乗組員を乗せて出航した。上陸してしばらくすると、反抗する乗組員たちがキューバに戻れないように、意図的に船を沈めた。つまり、エルナン・コルテスはチームプレイヤーではなかった。そして同胞の拠点から脱出し、この時点では拠点に戻るすべはなく、あらかたの選択肢を使い果たしていた。コルテスに残された道は「何かを征服」するしかなかった。

モクテスマがテノチティトランから約三〇〇キロの地点にコルテスがやってきたと知ったとき、不安でたまらなかったのはよくわかる。あいにく、彼はどうしたらいいか決めかねた。コルテスに盛大な贈り物をするか、それともここから出ていけと命じるかで迷っていた。その間、コルテスはメシカたちの弱みにつけ込むことに精を出していた。ここには大きな問題があった。アステカも帝国であり、しばしばとても残忍だったので、メキシコにはモクテスマをよく思わない多くの集団があった、コルテスは内陸にやってくると、如才ない語りと計略、ときには大虐殺を織り交ぜて、自分の味方になってテノチティトランに対抗しないかと説き伏せた。

こうしたことはモクテスマにとって、事態が新しい時代の友情にならなそうな兆しだったが、それでも彼は何もしないでただ待っていた。モクテスマがこれほどまで不安になったのは、コルテスがアステカ伝承の天空の神ケツァルコアトルの再来かもしれないと広く信じられたからだという話はありえなくはない。だが誰もがこれを信じたという唯一の証拠は、コルテスが手紙で饒舌《じょうぜつ》にその話をしていたからだ。率直に言って、いかにも彼が言いそうなたわ言ではないだろうか。

コルテスがついにテノチティトランに到着し、何百人ものスペイン人兵士と、大勢の新しく味方になった仲間たちにともなわれてやってきたとき、モクテスマはようやく腹を決めた。モクテスマに公正を期すために言っておくと、彼にできた正しい決断があったかどうかはわからない。だがモクテスマが下した決断は、明らかに間違っていた。モクテスマはそれは良くないと多くの顧問たちが言っていたにもかかわらず、スペイン人たちを貴賓として招き入れた。そして一行に浴びるような贈り物をして、最高の部屋と最高のものでもてなした。これはうまくいかなかった。二週間もしないうちにコルテスはクーデターを企て、モクテスマの宮殿でモクテスマを人質に取り、傀儡《かいらい》として統治することを強いた。スペイン人たちが最初に求めたのは晩餐《ばんさん》だった。そのあとすぐに、どこに金銀財宝があるのかを言うように迫った。

一五二〇年になって数ヶ月後、モクテスマにとってすべてが悪いほうへ転んだ。皮肉にも、これはコルテスがスペインの大連隊と戦っている最中に起こった。コルテスがしていることが何であれ、それを止めるようにと、キューバ総督からメキシコに大連隊が送られてきたのだ。コルテスの留守の間にテノチティトランを仕切っていた副官が、はっきりした理由もなく、メシカの貴族たちが大神殿で祭典をしている最中に大虐殺をしたのだ。これに激怒したメシカの民衆は反乱を起こし、コルテスが戻ったときは暴動のさなかだった。コルテスはモクテスマに戦闘をやめるよう民衆に呼びかけよと命じた。モクテスマはそうしたが民衆はやめなかった。それがモクテスマの最期だった。スペインの説明では、モクテスマは激怒した民衆の投石により殺されたとのことだが、実際にはモクテスマはもう、傀儡として役に立たないと見切りをつけたスペイン人たちが殺したのかもしれない。一年あまりの激戦のすえ、スペイン人はメシカを完全に征服した。コルテスは再び上官の信任を取りつけ、メキシコの統治者となった。

おそらくスペイン人の侵略は誰にも止められなかっただろう。だが、スペイン人を賓客として歓迎するというモクテスマの決断は、歴史上、国際関係の政策で最も思慮のない例として語り継がれなければならない。率直に言って、三〇〇年後にメキシコ政府がテキサスにアメリカ移民を奨励し始めたときにこの例が念頭にあったなら、モクテスマの哀れな話の大きな教訓、「メキシコよ、お願いだから白人をここに招き入れるのはやめてくれ」は歴史を大きく変えたに違いない。

モクテスマにとって救いとなるのは、歴史上、国際関係でのこのような残念な選択は目白押しで、たった一例だけではないことである。

賢く友を選ぶ重要性は紀元九年、ローマ人のゲルマニア総督プブリウス・クィンクティリウス・ウァルスの話からもよくわかる。ウァルスは昔ながらの軍事占領を目論んで、農民たちを抑えるために、地元ゲルマニアの有力者から味方につける者を選んだ。あいにく彼は、ゲルマン民族の族長のひとりアルミニウスを信用した。この人物はローマの市民権を得ていたうえ、ローマ軍の補助的な部隊を率いてさえいたからである。信頼している顧問がアルミニウスは忠誠ではないかもしれないと警告したが、ゲルマン民族の間で蜂起が起こっていて、それを鎮めなければならないとアルメニウスが言ったとき、ウァルスはそれを信じた。アルミニウスはウァルス率いるローマ軍を先導し、自らが率いるゲルマン軍が待ち伏せをしている場所に連れていった。そして、「ちょっと先に行って様子を見てくるよ」という月並みな言いわけをして、ゲルマン軍に合流した。結果、三個のローマ軍団は大敗し、ローマ帝国の北方への拡張はそこで頓挫した。これはローマ軍の軍事史上、最悪の軍事的な失敗だった。

信用しすぎるのとは反対に、中国明代の海外政策は自らを滅ぼし、孤立主義に陥る危険を呼びこんだ例となった。一四〇〇年代初頭の三〇年間、中国は伝説的な船長である鄭和《ていわ》の指揮のもとで世界最大の海軍の艦隊を誇っていた。三〇〇隻近くの艦隊には三万人の男たちが乗っていた。その中にはマストが九本もある巨大な宝船もあり、このあと何世紀もこれほど巨大な船は世界に存在しなかった。また、野菜を育てたり家畜を飼ったりできて、水上に浮かぶ農園のような役目をする船もあった。

さらには、この期間中、中国人はこの大艦隊を侵略のために使わなかったことは注目に値する。海賊との戦いには確かに時間をたっぷりと割《さ》いたし、行いが悪いと思われる国に対して、大艦隊であることはものものしく威嚇《いかく》するのにとても都合がよかった。だが、アジア、アラビア、東アフリカへと足を伸ばした鄭和の七つの航海で、かかわった戦争は比較的小さなものだった。代わりに、マラッカ、マスカット、モガディシュのような、はるか遠くの港を訪れて、贈り物の交換に時間を費やしてきた。中国人は上等な織物や貴金属を持っていき、お返しに広範囲な贈り物を受け取った。その中にはとてつもなく多くの動物も含まれていた。あるときなどはケニアからキリンを乗せて戻ってきた。

帝国がゆるぎない武力を見せつけるのに、これに勝る方法はないように思われる。一四三三年に鄭和が没してからのことはとくに謎が深い。明朝はただ……終わりを告げ、海軍を放棄した。日本の海賊である倭寇《わこう》の攻勢が長く続いていて、それに対する極端な過剰反応として、海上輸送をほぼ完全に廃止する海禁という古い政策を復活させたのだ。北ではモンゴルとの戦闘にわずらわされて、外交任務は不要な出費とされ、ほかの計画に費やしたほうがいいと思われるようになった。それは国境の巨大な壁の建設である。

これ以後、中国はどんどん内に向いていき、世界から背を向けるようになった。ヨーロッパの海軍がこぞって世界を探検し始めた時期に中国がこうしていたことは、二重にまずかった。一つには、ヨーロッパが数十年後にアジア海域に進出し始めたとき、アジア地域を牛耳る大きな勢力として、それを防ぐことができなかった。ほかには、中国はこのころ起こっていた科学とテクノロジーの恩恵に預かることができず、世界の強国としての地位を取り戻すまでに、とてつもなく長い歳月がかかった。

以上の話は外交上の選択をするさい、その後の力関係の変遷を予測するのがどんなに難しいかを際立たせている。正確さを極めることがどれだけ不可能であるかを考えたら、人がよく誤りを犯すことは、たいして驚くことでもない。第一次世界大戦のただ中にあった一九一七年晩春のスイスでのことである。おかしな顎《あご》ひげを生やした中年男が、ある提案をドイツ政府にもちかけた。男はロシア人で、政治の動乱の渦中《かちゅう》にある故郷ロシアに何があっても戻りたいのだが、戦争のせいでヨーロッパを通過できない。ロシアに戻るのに一番いい経路はドイツを通って北へ向かうことだが、そうするにはドイツの許可が必要だ、と言うのだ。

男の口上は単純だった。どんなに立場が違っていても、自分とドイツの間には共通の敵がいるではないか。それはロシア政府である。ロシア政府は憎き敵であり、何としてでも転覆させてやりたい、ということだった。ドイツ最高司令部はいくつもの前線で戦争をしていて、前線からロシアの戦力を

レーニンとして知られる、ウラジーミル・イリイチ・ウリヤノフ（1870-1924年）。Getty Images: Hulton Archive

削いでくれるなら、どんな邪魔でもありがたいと思っていた。だからこれを承認し、この男と男の妻と、三〇人の同胞をドイツ北部の港へと向かう列車に乗せた。一行はそこからスウェーデンとフィンランドを経由してロシアへと向かった。たいして戦力にならないにしても、何もないよりはましだった。だからドイツ政府は男に資金まで渡し、続く数ヶ月間、経済的に援助し続けた。おそらくドイツは、マニアックな大義がある政治思想に取り憑《つ》かれた男の例に漏れず、この男がちょっとした面倒を引き起こしてくれてしばらくロシアの邪魔をしたら、そのうち静かにいなくなるだろうと思っていた。

ちなみに、この男はレーニンだった。

多くの意味で、ドイツの計画はつつがなく進み、思っていたよりはるかにうまくいった！　レーニンのボリシェヴィキはロシア政府を苛立たせ、戦力を削いでくれただけではなかった。完膚《かんぷ》なきまで叩きつぶしてくれた。半年強でロシアの臨時政府は消滅し、レーニンが権力を掌握すると、ソヴィエト連邦が確立した。ドイツは停戦に恵まれた。四月にレーニンたちの列車に手を振って見送ったときには、まさかこうなるとは夢にも思わなかった。

しかしながら、やや長い目で見たら、計画は大成功と呼べるものではなかった。まずドイツは東部戦線で停戦できたが、それでも戦争に勝てなかった。これに続けて新しく誕生したソ連という拡大主義の国と、レーニンの通過を助けたドイツとの関係は急速に険悪なものになり始めた。二〇年後にもう一つの世界大戦が起こり、分割されたドイツの半分はソ連の支配下にあった。ドイツは「敵の敵は友だ」という論理を鵜呑《うの》みにするという古い罠《わな》にはまった。これはつねに間違いだとは限らないが、友情の賞味期限はたいてい驚くほどに短い。実際に史上最悪の無数の決断の背後には、「敵の敵だ」という思い込みが潜んでいる。このことから、何世紀もの極端に混乱したヨーロッパの歴史を解き明かすことができる。

この現象の別名は「戦後のアメリカの外交政策」と言ってもいい。世界規模のお粗末な決断が長く続いた時代、つまり冷戦の間、アメリカは「共産主義でない」という厳しい基準に合致する国はどの国とも同盟国になった。こうした同盟国の多くは単にろくでもない国だった。たとえばラテンアメリカの雑多な独裁者や、ヴェトナムのひどい統治者の系譜などである。だが、その中心となる問題のうえにほかの問題があった。そもそもこうした同盟国は、たいしてアメリカが好きでないことがよくあった。

過去たった数十年のうちに、アメリカがアフガニスタンのムジャヒディンから生まれたアルカイダを敵として、戦いに関与してきたことを考えていただきたい。ムジャヒディンはソ連と戦うための地上部隊として、アメリカが支援していた武装勢力である（もしあなたが画面に向かって、「ちっ、こんなの時代遅れだよ」と叫ぶのがお好きなら、一九八七年のジェームズ・ボンドの映画「007リビング・デイライツ」をぜひお勧めする。ボンドが、「上流イギリス英語のアクセントがある物柔らかなビン・ラディン」と呼ぶにふさわしい、魅力的で英雄的な人物に率いられたムジャヒディンと協力関係を結ぶのである。テーマソングはとてもいいけれど)。

そのころ、アメリカはかつて支援していたイラクとの武力闘争にかかわっていた。アメリカがイラクを支援していたのは、イラクがアメリカに敵対するイランと戦っていたためで、アメリカはソ連と敵対していたイランの以前の独裁者を支援していたからである。

そして、アメリカはイラク戦争後にアルカイダの活動から生じたＩＳＩＳと戦っていて、今はシリアで少なくとも三つ巴《どもえ》の戦争を戦っている。シリアでの戦争でアメリカはアサド政権と敵対している。これは以前、アメリカが支持していた政権であり、その後はアサド政権の敵を支援しようとした。だがアサド政権の敵はＩＳＩＳの友でもあった。ＩＳＩＳはアメリカとアメリカの敵のどちらの敵でもある。だが、アメリカの友はＩＳＩＳの敵でもあり、アサド政権の敵でもあった。ついでに昔の冷戦のよしみでロシアもそこで戦っている。

そして、これは世界のほんの一部である。

ところで、国際政治は実に難しい。高尚な理想が入り込む余地はそれほどない。実用主義の冷たい手は自らが求める同盟より、たまたま得られる同盟で間に合わせることを意味することも多い。だが、敵の敵はもともとの敵と同じくらい最悪なやつだと覚えておくなら、ときおり出くわす多くの問題は避けられるかもしれない。

だが、これからする話は本当にまずい外交上の過ちの歴史で、以上のすべてにも増して際立っている。

チンギス・カンに消された大国ホラズム

一二一七年、領土が広くて強力な大国、ホラズム帝国の君主、アラーウッディーン・ムハンマド二世は、東部で台頭してきた新しい勢力の指導者から、隣国のよしみで手紙を受け取った。「私は日出ずる国の統治者であり、あなたは日没する国を支配している。友情と平和の堅い契《ちぎ》りを結ぼうではないか」。これは互いの大きなメリットとなるように、二つの強大な国家間の通商条約を提案したものだった。

このとき、皇帝ムハンマド二世は国際的な外交史上、とてつもなく最悪な決断をした。

ホラズム帝国は当時、世界でも最も重要な国の一つで、西は黒海から東はヒンドゥークシュ山脈まで、南はペルシャ湾から北はカザフステップまで、ほぼ全域に拡がっていた。それは今日でいうと、イラン、ウズベキスタン、トルクメニスタン、タジキスタン、アゼルバイジャン、アフガニスタンなどの領土のすべてか、その大部分を占めるくらい広域だった。ヨーロッパはルネサンスからまだ一、二世紀しか経っていなかった。ホラズム王国は発展した世界のまさに中央に位置し、重要な隊商路であるシルクロードが通っていた。これは東西をつないでいて、物資も知恵も行き交っていた。ムハンマドの領地はイスラム世界の心臓部にあたり、当時、存在していた国で最も豊かで進んだ文化を有していた。ホラズム帝国の珠玉の宝石であるサマルカンド、ブハラ、メルヴなどの街は、中央アジアの

ラシード・アッディーンの14世紀の書物に描かれた戦闘中のチンギス・カン。Bridgeman Images: Bibliothèque nationale de France, Paris

大都市の間にあり、学問、革新、文化の地として世に知られていた。

それは妙だな、ホラズム帝国なんて聞いたこともないとお考えなら、そう、それにはわけがある。皇帝が受け取った手紙は、チンギス・カンと呼ばれる男から送られたものだった。そして、皇帝が恐ろしい決断をした二年後には……そう、ホラズム帝国はもうなかった。

歴史上わかるかぎりで言えば、ムハンマド皇帝に宛てたチンギス・カンの友好の手紙は誠意があったことは特筆に値する。この時点で偉大なる戦士は遊牧民が住む中国北部や周辺の領土を征服し、モンゴル帝国に組み入れて、目標をすべて達成しきっていた。この一連の征服は案外に楽なものから、ひどく残忍なものまで多岐にわたっていた。東部では勝たねばならない戦闘がまだいくつかあったが、西部に拡大する計画はもうなかった。チンギスが領土獲得の野心を広げたかったのはここまでだったし、しかももう齢六〇に近かった。一生の仕事が片づいて、あとは静かな余生を送ろうと計画し始めた時期である。

チンギス・カンがホラズムの玄関先まで迫ってきたのは、モンゴル帝国とイスラム世界の間を隔てていたカラ・キタイを征服したからだった。カラ・キタイは中国から追放された遊牧民が中心となった帝国であり、現在のキルギスタンのあたりに位置していた。モンゴルがこのあたり一帯をすべて統治するには、カラ・キタイだけが邪魔だったのだ。国境で、ことに明確に国境が決まっていない場合には起こりがちなことだが、すでにモンゴル兵とホラズム人との間で軍事的な小競り合いが起こっていた。だが、まだ決着はついていなかった。ムハンマドとその軍隊が、モンゴルでない敵と戦うために国境付近に繰り出したときのことだった。モンゴル人はわずらわしいほど素早くそこに駆けつけ、すでに敵を追い払っていた。

これが起こったのは初めてではなかった。ムハンマド自身が勝利を手にしようと計画している間に、かならずチンギスがすかさずあらわれて戦いの勝利を横取りするのだ。このことはチンギスが最初の小競り合いのあとで差し伸べた和平の申し出に対して、ムハンマドの思慮のない反応の理由になったかもしれない。そうやってモンゴルが勝利の手柄を何度も横取りし続けたことで、ムハンマドはおそらく癪《しゃく》に触っていて、侮辱されたと感じていた。ムハンマドはモンゴルがとても優れた軍事策略家だと知るべきだったが、どうやらそうではなかった。

これに加えて、ホラズムとモンゴルの関係は解釈ミスがあったときにつねに生じる問題に悩まされてきたようだ。「私は日出ずる地の統治者であり、あなたは日没する地を統治している」で、おそらくチンギスはただ東と西の地理を描き出し、互いの地位はほぼ対等だと思っていたのだろう。だが解釈のしかたによっては、「私は日の出のような統治者で、あなたはたそがれている統治者だ」とも読める。そう考えると、俄然チンギスがムハンマドをこけにしているように聞こえる。すでに何度も戦闘での勝利を横取りされたことでぴりぴりしている統治者に対し、「わしは勢いが盛んなこれからの君主だが、おぬしは盛りを過ぎて衰えていく落ち目の君主だのう、あっはっは」とでも言っているのだろうか？

何度も使者を行き来させてムハンマドとチンギスの間で続けられた対話は、腹の探り合いとあてこすりに満ちた風俗喜劇のように展開した。ムハンマドはチンギスに上等な絹の贈り物をしたが、そのことでチンギスは見下されたように感じた。「この男はわしが絹を見たことがないとでも思ったのか？」それでチンギスはお返しにばかでかい金塊の贈り物をした。テント暮らしでもこんなにいいものがあるのだぞと教えたかったのだろう。そして、仲良くしたい旨を熱心に繰り返し説き、「あなたとは平和に暮らしたいと切に願い、私のせがれのように思っています」と書き送った。この言葉にムハンマドはかちんときた。ひよっこ扱いされたように感じたからである（このとき、チンギスがマフィアの親分みたいにドスの効いた声で「せがれのように」と言ったなら、もっと愉快だ）。

そんなふうに二人のやりとりの底流にそこはかとない刺々《とげとげ》しさがあったとしても、外交儀礼と形式上のやりとりはまだあった。チンギスは平和に交易をする間柄になりたいという申し出は、受諾されるものと信じていた。そうすればどちらにとっても明らかに利があるからである。チンギスはある手紙で、「私の国には蟻塚のように大勢の兵士がいて、銀の鉱山もあり、他人の領土をあえて欲しがる必要はありません」と言い、「私たちは互いの臣民の交易を進めることに共通の関心があります」とムハンマドに伝えた。

それで、チンギスは最初の交易の使節団をホラズム帝国に送った。それはチンギス自身の資金を投じた私的な使節団だった。四五〇人の商人と一〇〇人の兵士と五〇〇頭のラクダが、銀と絹と翡翠を積んだ貨車とともにやってきた。もともとモンゴルの狙いは、そのころホラズム帝国がモンゴルとの国境に布いた通商禁止を終わらせることだった。誰もがそうなることを、ことにホラズムの国境を通行することを渇望していた。というのも、チンギスが中国北部を統一したことで理論上シルクロードの通行がずっと楽になり、イスラム世界の商人たちは中国市場に参入する機会を虎視眈々と狙っていたからである。だがそれまでチンギスに不愉快な思いをさせられていた皇帝のなわばり意識は、その経路を閉ざした。一二一八年、交易品を積んだ商人たちの隊商がホラズム帝国北部のオトラルという町に入り、再び良いときが訪れたように思われた。

世界に冠たる大国にとって、すべてがとてつもなく間違ったほうへ転ぶきっかけとなったのはここである。

交易の使節団を歓迎し、ラクダをつながせ、おいしいお茶でもてなす代わりに、オトラルの長官イナルチュク・ガイル゠カンは変わったことをした。使節団を皆殺しにして、運んできた交易品をすべて押収したのだ。悪質な奇襲攻撃である。五五〇人のうち生き延びたのは、虐殺の最中は風呂に入っていてバスタブの陰に身を潜めて難を逃れたひとりだけだった。

この事件はもてなしの礼儀に反し、基本的な常識にもとる非道な行いだとして、世界を揺るがした。使節団をスパイ集団かと思ったというイナルチュクの説明は、まるでばかげていた。商人たちはモンゴル人でさえなく、大半はウイグル出身のイスラム教徒だった。主要な交易路にあるイスラムの都市で、イスラム商人たちがそんな薄っぺらな口実で地元政府から虐殺される危険があるなら、穏やかに言っても不愉快だし、商売にならないではないか。

そして、その富と地位を交易に頼るホラズム帝国で、イナルチュクがそんな無茶苦茶なことを、皇帝からの許可も直接の命令もなく個人の判断でしたとは誰も思わなかった。

ムハンマドがまさかモンゴル人たちと悶着を起こすはずがないと思っていた者がいたなら、その予想は間違いだったことがはっきりとした。驚いたことに、オトラルで非道があったにもかかわらず、チンギスは二度目の機会を与えることを厭《いと》わなかった。モンゴルにとって優先事項はあくまで交易だったからである（そもそもモンゴルは戦争ばかりして領土を拡大していたので、当然ながら獲得した土地での農業はかんばしくなかった。だから、よそから物を買う必要があったのだ）。それで、チンギスはムハンマドとのかかわりを正常にすべく、イナルチュクの処罰と交易品の賠償を求め、和平の状態に戻したくて三人の特使を送った。一人はイスラム教徒で、あとの二人はモンゴル人だった。

ムハンマドは謝罪をする代わりにイスラム教徒の特使の首をはねた。残りの二人は顔を焼いてモンゴル人自慢の顎《あご》ひげを落とし、屈辱を加えた状態でチンギスに送り返した。

なぜ？　どうしてそんなことをしたのだ？　ムハンマドは「日没」という表現でばかにされたと思ったとして、本当にその程度の理由でチンギスと戦争を始めたのか？

確かにそうだったのかもしれない。この説明はこれ以外のばかげた説よりましだ。だが同時にムハンマドの過度の恐怖心は、ただ単に男のプライドが傷ついたからというだけではなかった。広大なホラズム帝国を支配する君主であっても、トルコ系軍人奴隷の子孫であるために、ムスリム世界でペルシャ人やアラビア人の有力者から見下されることがよくあったし、彼の帝国はモンゴルと同じくらい若く、内部分裂にも悩まされていた。そのうえ、母との確執もあり、これが彼の助けになったためしはけっしてなかった。しかもバクダッドのアラビア人カリフ、ナーシルと長期にわたる諍《いさか》いがあり、ナーシルがモンゴルとひそかに通じて自分への攻撃を企てているのではないかと疑っていた（公正を期すため言っておくと、アッバース朝のナーシルがモンゴルと共謀していたとしたら、関係三国にとって利のない動きであるにせよ、ありえない話ではなかった）。それに、一二一七年にムハンマドがバグダッド占拠を企てたときには、山を越えようとした兵士たちが雪で道に迷い、このへマで自らの軍事力のなさに苛立ちを感じていた。

もしかしたら、チンギスが突きつけた脅威をただ過小評価したのかもしれない。何かをあわててする前に、なるべく多くの情報を得るまで待つべきだという良い例である。顎ひげを焼かれたモンゴル特使たちは、ムハンマドの挑発行為を知らせるべく国に向かった。これとは反対方向にムハンマドの特使のひとりはモンゴル軍がどんなに強いかという知らせを携えて戻ってきた。自分が何に戦いを挑んだのかを知ったムハンマドの反応を要約するなら、「ああ……」だった。

チンギスは生まれ故郷のそばにあり、戦争前に彼がかならず登ったブルカン・カルドゥンの山頂に登った。そして三日三晩、祈りを上げると、最後の便りをムハンマドにしたためた。このときはもう解釈ミスの余地はないはっきりとした表現だった。「戦争に備えよ。お前が太刀打ちできない軍隊でやっつけてやる」

一二一九年に、チンギスは軍隊を率いてホラズムに出陣した。一二二二年にはホラズム帝国は地図から消えていた。

　概算は大きく異なるが、モンゴルの兵士は一〇万人を少し超えるくらいだったが、ムハンマドには二倍かそれ以上の兵士がいたし、地形をよく知っている自分の領地だった。それでもムハンマドはモンゴル軍が包囲戦は得意でないと信じて、しっかりと守られた街の城壁のこちら側でモンゴル軍を待つことにして、自国で戦うメリットを捨てた。確かにモンゴル軍は包囲戦が得意でなかったが、ムハンマドが重視しなかったのは、モンゴル軍は学ぶのが驚くほど早かったことだ。最初の包囲戦（当然、オトラルの街に対して）は何ヶ月も続いた。その後、残りの大半は何週間か、何日かしか持ちこたえなかった。

　モンゴル軍は敏捷で適応力が高く、統制が取れていてインテリジェンス主導型だった。チンギスは想定外の方向から攻めるために軍を半分に分けるか、敵の後方支援をさせないようにさえぎるか、一度に複数の標的を狙った。すみやかに伝達をして戦術を即座に変えられることを優先し、すでに征服した地の戦略や武器を利用した。そして、モンゴル軍は実に残忍だった。

　モンゴル軍は驚くほどの速さでホラズムを一掃した。彼らが攻略したすべての街には降伏する機会が与えられた。降伏した街はどちらかというと寛容に扱われた。「どちらかというと」を強調しておきたい。当然のごとくモンゴル軍はあるものすべてを略奪したが、大半の人たちは生きることを許された。だが降伏しない場合、また、あとで反逆しようとすれば反応は厳しかった。

　ウマル・ハイヤームの生まれ故郷のニシャプールで、チンギスの気に入っていた義理の息子が戦死した。悲しみに暮れた寡婦はこの街の運命を分かつ決断を託された。その結果、街の住人は腕の立つ何人かの職人を除き、一人残らず処刑された。虐殺には一〇日かかり、一万七〇〇〇〇人分の頭蓋骨は巨大なピラミッドのように積み上げられた。モンゴルはそうしたあとで、「容赦はしない」という要点を強調すべく、街のすべての犬と猫も殺した。そして、なんとか攻撃を何ヶ月も防御し続けた街の一つグルガーンジュ（ウルゲンチ）では、流れをそらしてあったアムダリヤ川のダムを開け、致命的な洪水で街を完全に一掃した（これは第2章で書いたように、数世紀にわたって川の流れを変えたと言われている）。こうした出来事のどちらもが一二二一年の同じ月に起こった。ところで、これは歴史上ことさらに破壊的な数ヶ月だった。

チンギスには恐怖のプロパガンダの価値がわかっていたし、識字率が高いイスラム世界は大きな助けになった。手紙は征服の物語を伝えてくれた。これは続くいくつかの街を戦わないで包囲できる機会を増やしてくれた。

同時にチンギスは宗教を尊重して扱い、聖地を手荒に扱うことは控えることが多かった。野放図に残忍であっても、チンギス統治下のモンゴル帝国は宗教には驚くほど寛容で、おそらく世界初の信教の自由を守る法をつくったほどである。これにはもちろん実利的なメリットがあった。宗教を守るために「聖戦」を戦っているのではないとわかりさえすれば、敵にとって降伏したらメリットがあることがわかりやすかった。しかも、宗教的な多数派に抑えつけられてきた少数派が、どの地でも自分たちの味方になってくれる可能性は高かった。イスラム神学の中心地ブハラの街が一二二〇年初頭の数ヶ月で陥落したとき、チンギスは街を破壊している最中に、大モスクは破壊せず残すよう命じた。そして、自らそのモスクを訪れた。テントと平原を愛し、自分自身の神は永遠の青空だったチンギス・

カンは、「征服したもの」という理由以外で街を眺めたことがなかった。征服した街に入った記録は、一生のうちこのときだけだった。

そして、このすべてを引き起こすきっかけとなったムハンマドは？　唖然とするほど外交でヘマをしでかしたムハンマドは、ブハラの姉妹都市サマルカンドに潜伏し、ブハラが陥落したことでただちに不吉な前兆を見た。彼はサマルカンドから逃げ、翌年はずっと、良く言えば「撤退しながら戦い」、悪く言えば「逃げ」ていた。チンギスは総勢二万人の兵にムハンマドを捕らえるか殺すまでは戻ってはならないと命じ、やぶだらけの帝国のなかを追わせた。兵士たちは島々で保護を求めていたムハンマドをカスピ海の沿岸まで追い詰めた。そのときには一文無しになって、ぼろをまとい、頭もおかしくなっていたムハンマドは、一二二一年一月に肺炎で死んだ。

もしチンギスがムハンマドの死で怒りを収めて攻撃をやめていたら、ムハンマドの名前は今日、おそらくは単なる歴史上の脚注となっただけだったろう。チンギスはやめなかった。ホラズム帝国を破壊する行為は一二二一年までずっと続き、暴力はさらに過激さを増していった。抵抗する者たち全員を一掃する命令はあからさまになり、ニシャプールでも、グルガーンジュでも、メルヴやほかの地でも見られた。

それに、ホラズム帝国を痕跡も残らぬように消し去ってからも、チンギスは……まだ破壊し続けた。おそらくはすべてがどれだけたやすかったかを印象づけるためである。もともとモンゴル帝国を西に拡大しようとは思っていなかったのに、今ではどれだけ征服できるかを知りたいというはかり知れない欲望へと変わっていた。アジアのイスラム世界の大半を食い尽くし、モンゴルはヨーロッパに進出した。チンギスが一二二七年に没してからは、息子と孫が拡大を続けた。その高みで、モンゴル帝国は世界がいまだかつてない最大の領土を持つ帝国となり、現在のポーランドから韓国まで拡がった。

二世代を経てモンゴル帝国が散り散りになると、帝国にありがちな派閥争いと内輪揉めが始まった。地域によってはモンゴルの過去の影響を長く引きずり、二〇世紀までもちこした。ブハラ・カン国では、チンギスの直接の子孫が一九二〇年まで支配していた。カンの最後の統治はボリシェヴィキがやってきたときにようやく終わった。

一八三八年にイギリスがブハラを同盟になるよう説得するために送った外交特使で、チャールズ・ストッダートというイギリスの大佐が、皮肉なことにムハンマドの愚行を小ぶりに繰り返した。とくに理由もなくナスララ・カン首長を気安く侮辱したために、「虫の穴」として知られるとても不快な場所に投げ込まれた。そこで、彼は虫に食われながら何年もの恐ろしい時を過ごし、しまいには処刑された。カンにちょっかいを出してはならない。

モンゴルに征服された多数の地域の文化と歴史と書物は、すっかり破壊され尽くされた。人々はそっくり移住することを強いられて、死者の総数は数え切れない数にのぼった。これには良いと言える面もある。まさにこの大規模な破壊行為が始まるきっかけとなった交易路が統一されて安定したので、大陸全体で文化の交流ができるようになり、ユーラシア大陸の多くの地に近代化をもたらすことに役立ったことである。悪い面は、文化と同じく黒死病などの伝染病の交流も盛んになり、何百万人もの死者を出したことだ。

すべては自尊心の傷つきやすい男が、外交は意気地なしがするもので、交易したいという単純な望みは不埒《ふらち》なたくらみだろうと決めつけたせいだ。失敗したな、アラーウッディーン・ムハンマド、私のせがれよ。

四つのさらに印象深い国際的な失敗

アタワルパ

一五三二年にスペイン人が唐突に上陸してきたとき、インカの統治者アタワルパはモクテスマと似た過ちを犯した。スペイン人たちと会う前に酒を飲んでいたので、過ちはもっと大きかった。インカの兵隊たちが待ち合わせ場所に着いたとき、スペイン人の姿はなく、待ち伏せ攻撃をされた。

ヴォーティガン

五世紀のイギリスで、ブリトン人の統治者だったヴォーティガンは、ローマ人が撤退してから、領土をピクト人から防衛するため、サクソン人の傭兵を招き入れて戦わせようとした。サクソン人はそうする代わりに、その地を乗っ取ることにした。

フランシスコ・ソラーノ・ロペス

比較的に小さな国、南米のパラグアイの統治者ロペスは、ウルグアイ、アルゼンチンの支援を受けてブラジルに対抗しようとしたが、事前に約束したアルゼンチンの支援が得られず、ウルグアイはブラジルの支援を受けた勢力が政権を倒したことで親ブラジルとなり、結局、三国を相手に戦う羽目になった。この戦いで、半数以上の国民が死亡したと概算される。

ツィンメルマン電報

一九一七年にドイツは暗号の電報をメキシコに送った。内容は、もしアメリカが第一次世界大戦に参戦するなら、ドイツはメキシコと軍事同盟を結びたいというもので、勝利すれば、テキサス、ニューメキシコ、アリゾナを返還すると約束していた。ところがこの電報はイギリスに傍受され、アメリカの参戦を鼓舞しただけだった（そして、メキシコは興味を持たなかった）。

第9章　テクノロジーは人類を救うのか

すでにお話ししたように、人間にはつねに探検し、新しい地平線を探し求めてやまない衝動があり、その衝動は私たちを特徴づける特性の一つだ。探検して新しいことを知りたい思いが原動力となって、一九九八年、ＮＡＳＡは真っ暗で空っぽの宇宙空間に火星探査機マーズ・クライメイト・オービターを打ち上げた。

数ヶ月後、マーズ・クライメイト・オービターは愚かにも火星に衝突して終わりを告げた。クリストファー・コロンブスが測定単位を混同し、計算を間違えてアメリカ大陸で座礁してから五世紀と少しで、今度はなんと火星探査機を製造した人々が測定単位を混同し、計算間違いをして火星に激突し、同じ過ちを何度も何度も繰り返すという人類の素晴らしい能力を華々しく見せつけてくれた。

歴史上、人類の旅の次なる大きな歩みとなった科学革命は、一六世紀のヨーロッパで科学者たちが書簡や書籍を交換することで始まった。これはそれほど革命と呼べるものではなく、抜け落ちていた知識を埋める機会であり、その多くはこれまでの文明の発展のなかですでにわかっていた知識を再発見することだった。だがつねに新知識や新技術を渇望してもいた。世界の探検、征服、貿易の始まりと手に手を取り合って、続く数世紀で世界への理解を大きく拡げてきた。科学革命は科学の知識をもたらしただけでなく、科学の観念そのものをもたらした。それはさまざまな「ちょっとした考え」の一つではなく、方法論をともなう明確な専門分野だった。

テクノロジーの変化は、一七、一八世紀のイギリス北部で加速し続けた。これはアメリカ大陸での奴隷労働の農園から得られる安価な絹を燃料としていた。そして、もう一つの革命が起こり始めた。今度の革命は製造の方法であり、大規模な製造を可能にする機械が導入された。これは世界に広がり、私たちの街や環境、経済を永遠に変え、真夜中の三時に酒を呑みながら、ネットを通じてアマゾン（Amazon）でフットスパのマシンを注文できるようになった。

科学、技術、産業の時代の夜明けは、これまで私たちの祖先が夢にも見なかった可能性を人類にもたらした。あいにく、これまで想像もしなかった規模で失敗をする機会ももたらした。コロンブスが測定単位を間違えたときは、少なくとも地表での過ちだったが、私たちは宇宙でも過ちをしでかすようになったのだ。このことは火星探査機マーズ・クライメイト・オービターの不運な話でわかる。

マーズ・クライメイト・オービターの過ちがようやくわかり始めたのは、打ち上げて何ヶ月も経ってからだ。探査機が軌道からはずれないよう、宇宙管制センターが軌道を微調整するときに、意図せぬ事態が起こったからである。だが、具体的にどんな不具合が起こったのかが明白になったのは、探査機が火星付近に到達し、軌道に入ろうとして、それっきり地上管制との交信が途絶えたときだった。

のちの調査で何が起こったのかが判明した。探査機は力積（起動させるのに適用した推進力の総量）を測定するのに標準的なニュートン秒のメートル法を使っていた。だが委託業者が用意した地上のコンピュータのソフトウェアは帝国単位のヤード・ポンド法を使っていた。宇宙船のエンジンを燃焼させるたびに想定より四倍大きい影響があった。結果としてマーズ・クライメイト・オービターは計画されていた距離より一六〇キロ以上も火星の表面に近づくことになった。軌道を進もうとして火星の大気に激しく叩きつけられたのだ。最新鋭の三億二七〇〇万ドルをかけた探査機は一瞬にして大破した。

この件でＮＡＳＡは当惑しただろう。だがおそらく、これは失敗の「科学とテクノロジー」部門で唯一の過ちではないという事実に慰められるはずだ。これからお話しする例は、宇宙開発競争ではないが、まったく違う種類の競争である。一九六九年、アメリカ全土の科学者たちは、ソ連というライバルと競って、まったく新規な形態の水という革命的な発見の謎を解き明かそうとしていた。

冷戦のヤマ場を迎えたころだった。熱く激しい世界観の対決は、地政学的な戦略、脅威を与える核の瀬戸際政策、陰で行われてきた偵察の世界だけではなかった。共産主義と資本主義のはざまで科学と工学での優越を見せつける争いも生まれた。新たな発見やテクノロジーの大きな進歩は目まぐるしい速度で起こった。敵に遅れを取ってしまうのではないかという恐れがつねにあった。ソ連のほうが先に一連の宇宙飛行をしたことにアメリカ政府は衝撃を受け、その反応として同年七月にＮＡＳＡのアポロ計画で人間が初めて月面を歩いた。

こうした映画のような大がかりな進歩の合間に、目新しい形態の水がちょっとした新機軸のようにあらわれた。最初は一九六一年にニコライ・フェジャーキンが発見した。彼はソ連の主要な科学の研究からは遠く離れた地方の研究室で働いていた。そして、彼の仕事はモスクワの物理化学研究所のボリス・デリャーギンに見いだされ、この発見は重要かもしれないと認識された。デリャーギンはすぐにフェジャーキンの仕事を追試し、手柄の横取りはよくあることだが、喜んでその発見をしたという評判をとり始めた。だがまだソ連の外ではほとんど興味を持たれなかった。国際社会が襟を正して注目し始めたのは、一九六六年にイギリスでの会議でこの発見が提示されたときだった。競争が始まった。

最初は「特異な水」だとか「次世代の水」だとか言われていた。この発見には驚くほどの特質があった。フェジャーキンとデリャーギンは、ごく普通の水を極細で超純粋な石英の毛細管を通してどうにか再編成して濃縮し、水の科学的な性質を変化させるプロセスを発見した。この特異な水は摂氏零度で凍らず、マイナス四〇度で凍った。沸点はさらに極端で、少なくとも一五〇度か、もっと高くてたぶん六五〇度くらいだった。これは水より危険だった。もはや液体とは言えず、刃物で切ったら跡が残るほど粘性があり、油っぽいものだった。ヴァセリンに似ていると記されたものもあった。

最初にイギリスで、続けてアメリカで、科学者たちがソ連の研究の追試をしようとした。このプロセスには毛細管が必要だったために、それは難しいプロセスだった。当時、毛細管は一度にほんのわずかしか製造できなかったからだ。研究所によってはこの技術をそれほど正しくやることができなかった。すぐにそうすることができ、特異な水を大量につくることができた研究所もあった。次なる大きな進歩がやってきた。十分な量の特異な水が製造されたので、赤外線のスペクトル分析をすることができた。結果は一九六九年六月に一流の科学ジャーナル「サイエンス」誌に掲載された。それはアームストロングが月面を歩く一ヶ月前だった。この研究結果が掲載されたことで大勢がこの物質の研究を始め、過熱状態になった。それは普通の水と比べてはなはだしく異なる性質を確認しただけではなかった。この水についての説明もなされた。研究結果が示唆していたのは、これは水のポリマー版であり、個々の水の分子が大きな鎖状の格子《こうし》に加わることで、それをさらに安定させているということだった。というわけで、この「特異な水」は今日、私たちが知っている名称「ポリウォーター」として知られるようになった。

一九六九年一二月の「ポピュラー・サイエンス」誌は、ポリウォーターの発見が「大改革をもたらすことは必至である」と書き、どんな使い道がありそうかという推察に何ページも割《さ》いた。冷却システムとして、エンジンの潤滑剤として、または核リアクターのモデレーターとして使えるのではないかと推測したのである。それは自然界の多くの面を説明していた。ポリウォーターは粘土にも見つかり、粘土を高温で熱してポリウォーターがなくなってしまうまで粘土がそのペースト状の可鍛性を保持する理由がわかった。また、わずかな量のポリウォーターが雲の生成の種となっているかもしれず、もしそうであれば、ポリウォーターは天候にも関係があるかもしれなかった。そして、人間の体にもあることは確かだった。

この発見があったことで、化学におけるまったく新しい分科ができそうだった。いくつかの研究所が、ポリウォーター以外の化学的にとても重要な液体版ポリマー、ポリメタノール、ポリアセトーンなどを生成できたと報告したからである。また、不吉なことに、軍事的な応用ができて、さらにはそれ自体で武器になるという懸念もあった。その構造は普通の水より低いエネルギー状態でも存在することを示していて、ポリウォーターが通常の水と接触すると連鎖反応の引き金となり、日常の水がそれ自体をも再編成し、ポリマーの形態になることを誘発するかもしれない可能性が浮上したからだ。たった一滴でも戦略的に重要性の高い貯水池や川にポリウォーターを入れると、理論的にはすべての水が次第にシロップのようにどろりとしたものに変わってしまうかもしれなかった。そうなれば、すべての国の水の供給は止まってしまう可能性があった。

ポリウォーターについての記事が「サイエンス」誌で発表されたあとで、何があってもすべての大きな進歩はアメリカが統制しなければならないとばかりに、すぐにアメリカ政府が介入してきた。CIAはこの研究に携わっている研究者を報告した。戦々恐々として「ニューヨーク・タイムズ」紙のような大手から、地方の小さな町の新聞までもが、こぞってポリウォーターについて書きたてた。内容は「アメリカはソ連に遅れを取っているのか？」だった。ポリウォーターの研究は優先されて、予算が確保された。一九七〇年だけでも、ポリウォーターについて何百もの科学の新聞が出版された。最初の予算が出たあとで、ほっとした「ウォール・ストリート・ジャーナル」紙は「いいニュースだ」と一九六九年に書いた。「アメリカはどうやらポリウォーターでの遅れを取り戻したようだ。ペンタゴンはソ連に先駆けて、アメリカのポリウォーターの技術を推し進める努力に金を払おうとしている」

もうおわかりだろうか？　ポリウォーターの話がノーベル賞の続出に誰もがもろ手を挙げて喜ぶような科学の勝利に終わらないことは、本書も終盤にさしかかったこの時点ではかなり明白だろう。だが真実がはっきりとわかったのは、世界中の最高の研究室で素晴らしい科学者たちが何年もポリウォーターを研究してきたすえの一九七〇年初頭だった。

ポリウォーターなどはない。そんなものは存在しない。

フェジャーキンとデリャーギンが発見したもの、そして世界の科学者がありとあらゆる方法を何年も追究し、忠実に追試し研究したものは、より正確に表現するなら「汚い水」だった。ポリウォーターの奇跡的な性質は、単に不純物が滅菌された道具に入り込んでしまっただけだとわかった。

これを疑っていたアメリカの科学者デニス・ルソーは、ハンドボールの練習試合で着ていたTシャツを絞って採った自分の汗の数滴でポリウォーターのスペクトル解析をほぼ完璧に追試できた。冷戦時代の二大国が必死になって支配権を奪い合った不思議な物質は、こともあろうに汗だった。

ぶざまである。

これを疑う意見が多く挙がっていなかったわけではない。多くの科学者たちが発見は信じがたいと感じていた。ポリウォーターが本当だとわかったら、化学の研究を辞めてもいいと言った者もいた。

だが何かを反証することは難しい。とくに難しいのは、ポリウォーターをつくろうとしても、つくったものが期待通りにポリウォーターの性質を持たない場合、そもそも正しくそれをつくっていなかったのではないかという恐れがあるときである。ほんのわずかな量以上のポリウォーターをつくる難しさは、冷戦時代の科学研究の熱気のこもった雰囲気がないまぜになって、いくつもの大陸にいる世界中の科学者が「こうしたものが期待されている」と印象づけられたものを観察してしまい、曖昧で矛盾のある結果を大幅にそちらの方向へ近づけて拡大解釈したのだ。すべてのことは、こうだったらいいのにという希望的観測による科学だった。

ポリウォーターの存在を疑う最初の論文が一九七〇年に「サイエンス」誌に掲載されたあとでも、全員がすべてのことが間違いだったと認めるまでに何年もかかった。ついにポリウォーターを疑い、反証するのにかかわった科学者のひとりエリソン・テイラーは一九七一年、オークリッジ国立研究所の社内誌にこう書いた。「(私たちは)最初から間違っていたと知っていたし、これにかかわらなかった多くの人たちも間違っていたことを知っていたと思うが、主要な提唱者たちは誰ひとりとしてそれを認める兆しはない」。それでも「ポピュラー・サイエンス」誌は一九七三年六月に、「ポリウォーターの製造方法」と題する記事を掲載していた。この記事の副題は、「専門家のなかには、この希少な物質が存在しないと言う者もいる。しかし、これが自分で実験してたっぷり採取する方法だ」。

こうしたことが起こるのは日常茶飯事だった。もちろん、「科学」という言葉が発明される前でさえ、科学がまだ初期の段階だった時代には、人気の理論がまったく間違いだとわかった例はたくさんあった。一八世紀にはそれは燃えるものに潜んでいて燃えると解放される謎の物質、燃素だった。一九世紀にはそれは宇宙に満ちていて光を伝達する目に見えない物質、エーテルだった。だがこれらは少なくとも、時の科学で説明できない現象を説明しようとする試みだという特質があった。多かれ少なかれ、科学はこのように機能すべきである。

科学がきわめてまともな実績を重ねてきた理由は、(少なくとも理論的には)世界がどう機能しているかという私たちの推測はおおかた間違っている、という賢明で自虐的な前提で始まるからである。科学は全般的に「正しい」という方向性へじりじりと進んでいこうとするが、次第に誤りが減っていくゆっくりとした過程を通じてそうする。科学の適切な手順はこうだ。まず世界はこう機能しているかもしれないという考えがあり、それが正しいかもしれないと知るために、自分が間違っていることを必死で証明しようとする。自分が間違っていると証明できなければ、自分が間違っていることを再び証明しようとし、それとは別の方法で自分が間違っていることを証明しようとする。しばらくこうしてから、自分が間違っていると証明できなかったことを世間に公表すると、その時点でほかのすべての人たちも、あなたが間違っていると証明しようとする。もし皆があなたは間違っていると証明できなければ、そのときゆっくりと、人々はあなたはもしかしたら正しいかもしれない、少なくともほかの考えよりも間違いが少ないと受け入れ始めるのである。

むろん、実際にはこのようには進まない。科学者たちもほかのどんな人とも同じくらい自分のものの見方が正しいと仮定し、自分とは反対のものの見方を無視する危険に陥りやすい。だからそうならないように、科学の構造は査読で互いの研究を相互評価し、追試を繰り返すようにできている。だがそれは誰でも扱えるしくじりようのないフールプルーフからはほど遠い。なぜなら集団思考にのまれたり、優勢な意見に加担したり、政治的な圧力に屈したり、主義主張が人を盲目にしたりすることは、すべて科学でも起こるからだ。

だからこそ、科学者たちであっても、いろいろな国々のいろいろな研究所でまったく同じ想像上の物質が見えると大勢が確信するということが起こる。そうしたことが起こったのは、ポリウォーターだけではない。六〇年前、科学の世界はまったく新種の放射線の発見が一世を風靡《ふうび》した。次第にこれは完全に想像上のものだったことがわかるのだが、この素晴らしい新種の光線はＮ線と呼ばれた。

ルネ・プロスペル・ブロンロ（1849-1930年）。Bridgeman Images: Académie des sciences, Paris

N線はフランスでルネ・ブロンロという研究者によって「発見」され、最初にそれが見られたとされるナンシーという町にちなんで、名前がついた。ルネ・ブロンロはフランス科学アカデミー賞の受賞歴があり、勤勉で優れた実験物理学者として評価が高い人物である。これはこの分野でX線の発見が世間を騒がせてから一〇年もしない一九〇三年のことで、人々はさまざまな新型の放射能が発見できるだろうと期待に胸をふくらませていた。それにポリウォーターのときのように、ちょっとした国際間の対抗意識以上のものがあった。X線はドイツに発見されたので、フランスも自慢できる発見をしたかった。

最初にN線を偶然にも発見したのはブロンロだった。それはX線の研究をしている最中に起こった。検出器に光が通り過ぎるときに小さな火花が明るく輝き、一度に火花が燃え上がるのを見たとき、X線はこれにまったく影響していないかもしれないと気づいた。それで、もっと深く調査し、もっと証拠を集め、一九〇三年春に「フランス学会の議事録」でこの発見を世界に公表した。堰《せき》を切ったように科学界がこぞってN線に夢中になった。

続く数年間、一二〇人以上の科学者たちがN線の驚くべき性質について、三〇〇以上の論文を出版した。ブロンロ自身はそのうち二六を出版した。N線が見せた特質はまさに……興味をかきたてた。N線はある種の炎でもつくられたし、鉄を熱したシートでもつくられたし、日光でもつくられた。また、生物でもつくられた。ブロンロの同僚オーギュスタン・シャルパンティエは、N線がカエルとウサギの二頭筋の筋肉や人間の脳でもつくられることを発見した。N線は金属と木を通すことができ、銅線を通すことができたが、水や岩塩は通さなかった。N線はレンガに蓄えることができた。

不運なことに、全員がN線をつくって観察できたわけではなかった。ほかの多くの評判の良い科学者たちは、まったくその存在を呼び出すことができなかったので、ブロンロは方法を懇切丁寧に説明した。おそらくこれは、検知するのがむずかしいからだった。この時点で、ブロンロは明るく輝く火花を検知することから先へと進み、光線にさらされたとき、かすかに輝く燐光《りんこう》シートを使った。問題はシートの輝きの変化があまりにかすかだったので、真っ暗にした部屋で実験者が約三〇分、暗闇に目を慣らすことができたときだけは最高によく観察できた。ああ、シートを直接見つめないで、目の端で見たときも最高によく観察できた。

三〇分も暗闇の部屋に座って目の端でかすかな輝きを見つめても、自分の目をだますことができるはずがないではないか。

N線を疑う科学者は大勢いて、「N線はあります」と言う科学者たちの特徴に気づかないのはむずしかった。事実、N線をつくりだせた科学者は皆、フランス人だった。イギリスとアイルランドに何人かの例外はいたが、ドイツやアメリカにN線を見ることができた科学者はひとりもいなかった。これは疑わしいと思われただけでなく、あからさまな苛立ちをも引き起こし始めた。そのとき、フランス科学アカデミーはこの業績を讃えてブロンロに最高の賞の一つを授与していた。ドイツの一流の放射能専門家ハインリヒ・ルーベンスはドイツ皇帝に命じられて、ブロンロの仕事を再現するよう二週間を無駄にすることを強いられたすえに、諦めるという屈辱を味わった。

こうしたことが気になって、アメリカの物理学者ロバート・ウッドはヨーロッパでの会議に出席したさい、ナンシーにあるブロンロの実験室を訪れた。ブロンロはウッドを喜んで迎え、最新の発明を再現してみせた。ウッドは少し違った計画が心にあった。謎の放射線の最も奇妙な性質の一つは、ちょうど光がガラスのプリズムを通して屈折するように、N線はどうやらアルミニウムのプリズムを通して屈折することで、シート上にスペクトルの放射線のパターンをつくりだすことだった。ブロンロは積極的にウッドにこれを見せ、スペクトルのパターンが落ちるときの測定を読み上げた。ウッドはそのとき彼自身、実験を繰り返してもよいかと彼に尋ねた。ブロンロは快諾した。ウッドは科学の正しい手順を導入した。別の言い方をすれば、ブロンロにとても変ないたずらをした。

ブロンロが気づかないうちに、ウッドは暗やみのなかでプリズムに手を伸ばし、ポケットに入れた。検出器から肝心な要素が失われたことに気づかなかったブロンロは、そこにはもはやあるはずもなかったスペクトルの波長の結果を読み出し続けた。

ウッドは一九〇四年秋の「ネイチャー」誌に慇懃《いんぎん》無礼な投稿で自分の発見を要約した。「さまざまな実験を見て三時間かそこらを過ごしたあげく、私はN線が存在するという観察を一つも報告できかねる。だが、良い結果を得たN線の実験は幻覚を信じたにすぎないことを強く確信した」。このことがあったあとでN線への関心は崩れ去ったが、ブロンロと何人かの真の信者たちは研究を重ね、これまでずっと蜃気楼を研究し続けたのではないと断固として証明しようとした。

ポリウォーターとN線のどちらの話も科学者たちだからといって私たちと同じで、バイアスの犠牲になるという教訓であるが、科学は……確かめられるという話でもある。どちらの話にもまつわる大興奮の熱狂ぶりは、過去を振り返れば、高度な資格を満たした大勢の専門家たちにとってかなり恥ずかしい話である。どちらの熱狂ぶりも、懐疑主義や確固たる証拠の必要性が勝利を収めるまで数年以上はもたなくてよかった。がんばったね。

だが、こうした例がどちらかというと害がないほうだとするならば、怪しい科学はただ単に科学者たちの評判を傷つけただけでは済まなかった。たとえばフランシス・ゴルトンの負の遺産である。

フランシス・ゴルトンはチャールズ・ダーウィンの腹違いのいとこで、間違いなく天才で博学だったが、恐ろしい考え方をして、ひどい結果を招いた気味の悪い変な男だった。彼は複数の学問分野で大きな進歩を達成した。ゴルトンは科学的統計の草分けで、そのなかには相関係数の概念の発明も含まれていた。気象学と法医学をはじめとする多様性のある分野で彼が生み出した業績は、天気図や人々を認識する指紋の利用などの形で、今日でも私たちとともにある。

彼は物事を計測し、たまたま出くわした事柄すべてに科学的原則を適用することに憑かれていた。「ネイチャー」誌に掲載された彼の投稿は、肖像画を描いてもらうために長時間座っていることに飽きたからだろうが、一枚の絵画で絵筆を何度塗るかという総数の概算もあった。一九〇六年には「科学的原則にもとづく丸いケーキの切り方」と題されたものが掲載された。手っ取り早く言えば、扇状の三角に切り取るのではなく、二本の線でまっすぐに真ん中を切り取り、残った両側をくっつけて保存すれば、切断面が乾燥しないという話である。

しかし彼の執着心は、イギリスならではの「お茶の時間の仕事術」より極端に遠いところまで行ってしまった。悪名高い調査の一つでは、ゴルトンはどの町の女性が最も魅力的かという地図を作ろうとして、イギリス各地をまわった。公共の場所に座り、通り過ぎる女性を自分が性的に望ましいと思うかどうかを記録すべく、マークシートに穴を開ける針が中についた指ぬき状の「プリッカー（とげ）」と呼ばれる装置をポケットに隠し持って使った。この国の「美しさの地図」という天気図のような代物では、ロンドンの女たちが最も魅力があり、アバディーンの女たちは最も魅力がないとされた。もっともこれはいやらしい目つきで、女の性的魅力をポケットに忍ばせた針で測っている統計学者の好みによるものだから、おそらく最高に客観的な方法ではないだろう。

人間の特性を測りたいという衝動があり、測られる人間を尊重する気遣いがすっかり欠如しているという、まさに同じ組み合わせの資質で、ゴルトンは世界の科学に最も悪名高いことをしでかした。自ら名づけた「優生学」を提唱したのである。ゴルトンは天才が生まれるのは完全に遺伝によるもので、人間の成功は外的な運や環境の産物ではなく、内的な性質だけによるとかたく信じていた。そして人類の人的資源を改良するために、金銭的な報酬を与えてでも、子づくりに適した人々の間での婚姻を奨励すべきであり、精神薄弱や頭の弱い者たちのような望ましくない人々の子づくりを許すべきでないと信じていた。

二〇世紀初頭、世界規模で優生学が積極的に取り入れられて、ゴルトンは優生学の英雄と見られていた。アメリカの三一州が義務としての不妊手術の法律を可決させ、六〇年代に最後の法案が無効になったときまでに、アメリカの精神病の施設で六万人以上が強制的に不妊手術を受けさせられた。対象となった大多数は女性だった。スウェーデンでは同数が「民族衛生法」を促進するために不妊手術をされ、一九七六年まで法律は有効だった。そして、もちろんナチス・ドイツである……そう、どんなことが起こったかはご存じだろう。もしゴルトンが長生きをして、自ら始めた「科学」の名のもとにどんな恐ろしい蛮行がなされたかを知ったなら、おぞましさに身を震わせたことだろう。だがそれでも、彼のもともとの考えにあった過ちが少しでもましになるものではない。

そして、ソ連の農業科学者トロフィム・ルイセンコである。ルイセンコのとてつもなく最悪の発想は、ソ連でも中国でも（第3章で紹介した通り）飢饉《ききん》が起こる理由となった。悪い業績だけではなく、良い業績のほうでも歴史に名を残したゴルトンとは違い、ルイセンコは正規の科学の発展に寄与することはなく、ただ単に法外に間違っていた。

ルイセンコは貧しい家庭で育ったが、農学を志して早い時期に、種を刺激して寒い冬の間に種を植えなくても育つようにする方法が成功したおかげで、ソ連の農学者の序列を一気に駆けのぼった。ルイセンコはスターリンに気に入られるようになり、ソ連の科学コミュニティーに自分の発想を押しつけられるほどの権力を持つに至った。

ルイセンコの発想は適切でなかったどころか、適切にはほど遠かった。だが、ルイセンコより上層の共産主義者たちの持つイデオロギーに合致するバイアスに訴えた。遺伝学は一九三〇年代には十分に確立された学問分野だったにもかかわらず、ルイセンコはそれを完全に拒絶した。そして、遺伝学は個人主義の世界の展望を促進してしまうからという理由で、遺伝子の存在すら否定した。遺伝学は生体の習性はあらかじめ決まっていて変わらないことを示唆していたが、ルイセンコは環境を変えれば生体が改良されて、その改良は子孫に受け継がれると信じていた。適切な環境さえあれば、ある穀物がほかの穀物になることも可能だと言うのである。同じ「階級」の植物同士は資源をめぐって争わないため、畑に植える穀物の畝《うね》はもっと狭く寄せるべきだとルイセンコは農家を指導した。

この理論はどれも本当ではなかった。はっきり言って、明らかにでたらめだった。その証拠に、理論どおり実践した結果として、多くの穀物がただ枯れてしまったからである。それでもルイセンコは政治権力を保持し続けた。ルイセンコ批判は封じられ、ソ連で遺伝学の放棄やルイセンコ主義の礼賛を拒む生物学者がいようものなら、何千人でも解雇し、監禁し、殺害も辞さない時点にまでなっていた。それは一九六四年にフルシチョフが失脚するまで続いた。フルシチョフの時代が終わり、やっとほかの科学者たちがルイセンコは大ボラ吹きだとなんとか党を説き伏せ、ルイセンコは静かにいなくなった。ルイセンコの過去の業績は何百万人もの死者を出し、ソ連の生物学を何十年も後戻りさせた。

だが生物学におけるルイセンコの過ちが共産主義によるものだとしたら、次の例は純粋に資本主義によるものである。これは科学史上一つだけでなく、二つの最も悲惨な過ちを犯した男の話である。すべてはほんの十年のうちに起こった。

二度も地球を汚染した発明家、トマス・ミジリー

一九四四年、天才技師であり化学者でもあり、発明家でもあったトマス・ミジリー・ジュニア、つまり彼の発見が近代世界を形づくったと言っても過言ではない男は、五五歳にして自宅のベッドでそ

の生涯を閉じた。

自宅のベッドでと言うと穏やかに息を引き取ったかのように思われるだろう。だがこの場合はそうではなかった。死の数年前にポリオを発症し、下半身が麻痺していたミジリーは、人の助けを借りることなく寝起きしたかった。それで、新しい工夫を生み出す才能をいかして、滑車つきのクレーン状の精巧なしかけをつくった。それは一一月のある日まではとてもうまくいっていたのだが、ちょっとした不具合が生じた拍子に、自ら発明した器具のロープに絡まって死んでいた。

自らの発明で死んだのだから、ミジリーの死に方ははなはだ皮肉なものだった。だが、それはトマス・ミジリーを本書で取り上げる理由ではない。彼を取り上げるのは、それが彼の人生で最大の過ちですらなく、信じられないことにミジリーはそれ以上の過ちを二つもしでかしたからである。

トマス・ミジリー（1889-1944 年）。
Getty Images: Corbis Historical Pictures and Images

どんな基準に照らしても、彼はこれまでの歴史上、最も地球を破壊した人物と位置づけなければならない。

もの静かで頭の切れる男、ミジリーは人生の大半をオハイオ州コロンブスで過ごした。発明家の家庭で育ち、化学者としての教育はろくに受けていなかったが、問題についての体系的な調査を綿密にしながら、手当たり次第に何かに出くわすまで根気強く解決策を探るというやり方で、幅広い学問分野を横断して問題を解決することに才能を見せた。

一九一〇年代から二〇年代にかけて、ミジリーは車のエンジンが「ノッキング」する問題に取り組んでいた。これはなかなか手ごわい問題だった。とりわけ坂道を登るときなどエンジンに負担がかかると、ノックするようにガタガタと揺れて車の動きがぎこちなくなるのだ。これは初期の自動車を不快なものにしただけでなく、燃費を悪くしてもいた。このころ、世界の石油の供給がにわかに乏しくなるのではないかと早くも心配されていたため、燃費は当時の大きな関心事だった。

ミジリーと勤め先の社長チャールズ・ケタリングは、ノッキングはエンジンの仕様の根本的な欠陥ではなく、燃料が不均衡に燃えるからではないかと思った。それで、この影響を抑える添加剤を見つけようとした。当初、呆れてしまうほど何の意味もなさない理由から、解決法は「赤色だ」という考えに落ち着いた。ミジリーは実験室に赤い染料を取りにいったが、そんなものはなかった。しかしながら、ヨウ素なら赤色に近くて油に溶けやすいと言われ、「まあ、これでいいか」とヨウ素をガソリンにたっぷり混ぜてエンジンに注ぎ込んだ。

うまくいった。

まったくのまぐれ当たりだったのに、二人は自分たちのしている方向性が間違っていない証拠だと思った。いかんせんヨウ素は高価すぎたし、必要な分の量産がむずかしすぎたので、ヨウ素そのものは実施できない解決策だった。だがヨウ素で手応えがあったことから、この路線で研究を続ける自信が持てた。企業が公表したどの情報を信じるかによるが、続く数年間で彼らが試した成分は、一四四種から三万三〇〇〇種までの間のどれかであった。あまりにも幅が広すぎて正確でないように思えるならば、そう、ミジリーたちの背後にいた企業が研究過程をぼやかしたことにはそれなりのわけがあった。

このわけはようやく決まった物質が鉛だったことである。正確に特定すると、テトラエチル鉛（TEL）という液状化合物である。鉛は死に至る毒物であり、とりわけ高血圧、肝臓疾患、胎児の先天的異常、脳の損傷の原因となる。子どもへの影響はことさらに大きい。

ミジリーの話は「意図せざる帰結」の例としてよく引き合いに出されるが……本当はそうではない。もちろん、彼の目標は「地上のあらゆる世代の人々を毒する」ことでなかったにせよ、有鉛ガソリンの製造と拡散に携わった者は誰ひとり、「大変だ。想定外の恐ろしい事態が起こったぞ」と口にすることが許されなかったのも事実である。

鉛の毒性は何千年も前から知られていた周知の事実で、別段、新たな発見ではなかった。一九二三年初頭に初めてガソリンスタンドがこのアンチノック剤を販売し始める前から、医療の専門家は、これはとてつもなく恐ろしい発想だと注意を喚起していた。アメリカ公衆衛生局のウィリアム・クラークは、テトラエチル鉛の使用は「公衆衛生への深刻な脅威」であり、まったくもって的確に、「酸化塩のちりが混雑した道路上の低い層に溜まることはおおいにありうる」と予測する手紙を書き送った。一九二四年には主要な毒物学者たちが、「鉛の毒性は知らない間に体をむしばむため、大衆と政府が状況に気づかないうちに、有鉛ガソリンは世界各地で使われるようになるだろう」と驚くほど正確に予測している。

そして、重要なのは鉛だけが解決策ではなかったことだ。ヨウ素という突破口を見いだしてから数年で、ミジリーの研究班はアンチノック剤として有効なものはたくさんあることがわかった。その一つはあまりに単純なものだった。エタノール、つまりアルコールである。アルコールはそれ自体でも燃料として使うことができ、飲み物としては身体の傷を消毒し、感情の傷をいっとき癒してくれるだけではない。アンチノック添加物としてもまた作用するのだ。加えて、大量生産が驚くほど簡単で安価だという実用性もある。

事実、数年間はエンジンのノッキングに対する完璧な解決法としてミジリーの研究班はエタノールを推していた。ではいったいなぜエタノールを使わないで、誰もが毒物だとわかりきっている物質のほうを支持したのか？　理由は金だったと知ったら驚く読者もいるだろう。

問題はエタノールの製造がたやすくて安価すぎたことだ。それに、エタノールに特許性がないことは決定的だった。チャールズ・ケタリングの会社デルコは、一九一八年に自動車会社の巨人、ゼネラルモーターズ社に買収され、絵に描いた餅ではなく、実際に現金を生み出せることを示せと調査チームに圧力がかかった。人々が家で製造できるほど製造がたやすい物質であるエタノールでは、特許で守られた商品にする見込みはなく、その目的では使い物にならなかった。だから鉛にしたのだ。

かわいそうなトマス・ミジリーは罪のない発明家で、ただ単に悪い富豪たちに研究が悪用されてしまったのだと思われたなら、とんでもない。鉛の利用を提案し、強く推したのは彼自身だ。自ら計算までしたほどである。ミジリーはテトラエチル鉛を加えればガソリン一ガロン（約三・八リットル）当たり三セントを上乗せできると算出し、猛烈な広告攻勢をかければガソリン市場の二割のシェアを獲得できると予測を立てた。これについては、彼がしたほかの多くのことと同じで、自分がしたことの影響力をはなはだしく過小評価したおかげで間違っていた。狡猾にも「鉛」という言葉は一切使わずに、「エチル」という銘柄で売り出したテトラエチル有鉛ガソリンは、一〇年と少しでアメリカ市場の八割を獲得した。

その間中ずっと、多くの警告の兆しと呼べるものが巨大な電光掲示板にでかでかと表示されていたような状態だったにもかかわらず、ゼネラルモーターズ社とミジリーは「エチル」が安全だと主張し続けた。一九二三年二月に「エチル」が最初に売り出されたとき、ミジリー自身が鉛の蒸気で引き起こされた体調不良で、まる一ヶ月、仕事を休まなければならなかった。それに、燃料の製造工場で働いていた大勢の労働者が相次いで死亡したという事実があった。ニュージャージー州ベイウェイの工場では五人の労働者が鉛中毒で死亡、三五人が入院した。その多くが鉛の毒性で神経をやられて正気を失った。「患者は叫んだり暴力を振るったりして手がつけられなくなり、ベッドから飛び跳ねて家具にぶつかり、まるで振戦せん妄〔重症型アルコール離脱症〕の症状のようだった」という記録もあった。ニュージャージー州ディープウォーターの工場では六人の労働者が死亡した。この工場は鉛を原因として起こる幻覚が日常茶飯事だったため、労働者たちは工場を「蝶々が舞う家」と呼んでいた。死者が続出しているというニュースが「ニューヨーク・タイムズ」紙の第一面に載ると、広報の危機に直面した「エチル」の販売は一時中断され、アメリカ公衆衛生局長官は急遽、安全性を判断する委員会を立ち上げた。

そして、これ以後二〇世紀末まで、大失敗をしでかしたあらゆる産業分野で災い転じて福となす驚くべき企業式柔道の手本となった原理を駆使し、エチルガソリン社の背後にあった大手企業三社、つまり自動車会社の大企業であるゼネラルモーターズ社、石油会社の老舗であるスタンダードオイル社、化学業界の巨匠であるデュポン社は、なんとか広報の危機を広報の勝利に塗り変えることができた。

委員会での審議は、責任者が見当はずれの質問に応答する審議の典型例だった。製造工程で死者が続出している懸念に大衆の注目が集まっていたことで、結局、それだけが委員会が評決を下した案件となった。ミジリーはテトラエチル鉛が「たちの悪い毒物と比べたら、たいして危険な毒物ではない」と証言し、企業が工場の安全対策のさらなる強化を保証することで委員会を説き伏せたため、委員会は製造廃止を求めないことに決めた。これよりはるかに大問題だった排気ガスを大衆が吸い込む影響のほうは確定されないまま、こうしたときの由緒ある伝統に則って、「今後の研究課題」としてもちこされた。公衆衛生局長官の委員会が下した決定は、あたかも有鉛ガソリンは健康にまったく問題なしというお墨つきを与えたかのように色をつけて、企業の都合に寄り添った形で大衆と政治家に伝えられた。

「今後の研究課題」がどうなったかといえば、続く四〇年間、その研究のほぼすべては有鉛ガソリン製造会社の出資で行われたか、有鉛ガソリン製造会社の社員によって行われたかだった。呆れ果ててしまうが、なんとこの研究は結論に至らなかった！　つまり、有鉛ガソリンの製造会社は、その問題はまだ結論が出ていないと言い続けていればよく、それまで大勢の夢をかなえてきたこの素敵な燃料を悪く言うのはとんでもなく罰当たりな行為で、販売中止にするなどもってのほかだった。

いったん、有鉛ガソリンは「問題なし」と大衆に思わせるようなお墨つきが与えられたからには、鉛を大気に排出する企業はもう怖いものなしだった。有鉛ガソリンを使うことで車のエンジンのノッキングがなくなったほか、もっと迫力のある新世代のエンジンを開発できるようになった。このことが人々の車に対する意識を、ただ実用的なだけの音がうるさい古びたものから、滑らかな走りで速度を出せる望ましいものへと変えてくれた。有鉛ガソリンの企業は猛烈な広告攻勢をかけ、有鉛燃料を利用していない車はのろいし野暮ったいという不安をあおり、競合他社のライバル商品を低水準なものとあざけった。そのなかには、まさにミジリーの研究班が何年も支持してきたエタノールも含まれていた。他国で有鉛燃料の導入にさいして健康を害する恐れが危惧されると、有鉛ガソリンの企業は「アメリカではお墨つきが出た」という切り札で危惧を抑えつけた。アメリカ公衆衛生局長官のヒュー・カニングは、他国の同じ職の者たちに有鉛燃料の安全性をわざわざ伝えたほどだった。

嘆かわしい科学の悪用、貪欲な金儲け主義、そして強力になった車はどんなに長距離を走れるかという事実を背景にして、有鉛燃料はすぐに世界標準になった。当初から燃料不足が懸念されていたことからアンチノック添加剤の研究は加速されたが、石油採掘の方法が進歩したおかげでそれは起こらなかった。だから鉛の利便性はエンジンをより強力にする方向へと絞られた。自動車の時代が到来し、世界中のいたるところで人々は鉛の排ガスをさらに吸い込み始めた。

鉛の性質として知っておくべき重要なことは、分解されないことである。毒素のなかには時間の経過とともに危険性が減じるものもあるが、鉛は空気にも土壌にも、動植物や人間の体にも溜まっていく。一九八三年、イギリス王立調査委員会による環境汚染の報告書はこう結論づけた。「地表のどの部分も、どんな生物も、人為的な鉛で汚染されていないままのものがあるとは思えない」。子どもの身体はとくに危険にさらされ、大人の五倍の量の鉛を体組織が吸収した。アメリカだけでも七〇〇〇万人の子どもの血中鉛濃度が一九二〇年と一九七〇年の間の数十年は毒性レベルだったと概算されている。

鉛の影響は深刻である。世界保健機関の概算によると、世界中で年に何十万人もが鉛の毒性による心臓病などの疾病で死亡している。身体の健康への影響にも増して、鉛は子どもの神経の発達に損傷を与え、影響を受けた者のＩＱ低下の原因となる。また、鉛は世界の知的発達障害の一二％以上の原因となっているとのことだ。

鉛はまた反社会的行動のような行動障害の原因にもなり、これはトマス・ミジリー・ジュニアの仕事が引き起こした帰結のなかでも恐ろしい悪夢となった。この仮説の真偽がこれまでに証明されていないことに留意するのは重要だとはいえ、多くの研究者が戦後に世界の大部分で犯罪率が跳ね上がった時期は、鉛汚染が増加した時期とぴったり一致することを指摘してきた。

人々は犯罪率が高い理由を文化に求め、なんとなくこうではないかと単純化して物を言う。野卑に育った一〇代だとか、都心の過密地域の劣悪な環境だとか言い、凶悪犯罪で世間を震撼させる怪物のような若者たちの出現が一九九〇年代の話題をさらったりもした。だがこの時期の高い犯罪率は長い歴史の全体から見たら、ほんの一瞬の間に全世界で起こった説明しがたい異例な出来事で、今では願わくば過ぎ去った過去のように思えるが、多くの国々の社会の情勢や政治の方向性がどうであっても、有鉛ガソリンの導入から二〇年後、つまり最初に大量の鉛にさらされた子どもが一〇代から二〇代前半になった時期に犯罪率が跳ね上がり始めた。この相関性は逆方向にも当てはまっていて、これもまた世界各国がどんな社会政策を実施していようと、多くの国々の凶悪犯罪が過去数十年で一貫して減少した。それでも犯罪率の低下はその地域が有鉛ガソリンを禁止してから約二〇年後に起こっているようだ。早めに有鉛ガソリンを禁止した地域では早めに犯罪が減少し、ゆっくりと段階的にではなく、急激に有鉛ガソリンの使用をやめた地域では犯罪が急激に減少している。

繰り返すが、相関性が見られることは因果関係ではないので、この仮説は今なお知識にもとづく推論の域を出ない。大勢の子どもに鉛を注射してしばし待ち、二〇年後にどれだけ多くの犯罪を犯したかを知ろうとしたら、当然、倫理的な問題が生じるし、そうしたところで、どのみち何も証明できないだろう。有鉛ガソリンは何百万人もの死者を出し、地上の隅々まで汚染し、何世代もの子どもの血液を毒し、子どもの知性に悪影響を及ぼしたことに加えて（ちなみに過去四〇年、世界を仕切ってきたのは鉛に侵された世代である）、何十年も続く世界の犯罪の急増を引き起こし、私たちの社会観を様変わりさせた。これはただ単に、トマス・ミジリーがガソリン一ガロンにつき三セントを上乗せしたかったからだと思うと、そう、これは……皮肉と言うにはあまりにも長く、あまりにも暗い笑い話である。

ミジリー自身は有鉛ガソリンを発明してから、ただぶらついてはいなかった。発明の「何でも屋」だった彼は、すぐに別の分野の研究に取り組み始めた。そして、二つ目の取り返しのつかない過ちを犯した。

何年もより良い燃料を探し求めることなく、この物質はすぐに発見できた。会社の話では、ミジリーがこの問題に取りかかって解決策を見いだすまで、たった三日しかかからなかった。鉛と違って、この件は純粋に「意図せざる帰結」の例だった。切迫した警告を無視することも、危険性を隠蔽《いんぺい》する

 こともなかった。ただ単に何の裏づけもないのに「すべては問題なし」と決めてかかった製品だった。

このとき、ミジリーが対峙していた問題は物を冷却することだった。これは一九二八年のことで、冷蔵庫の時代が始まって間もない時期だった。冷蔵庫が出てくる前は、世界の寒冷地で大量の氷を切り出し、海上輸送する製氷業が主流だった。問題はそのころ冷蔵に使われていた化学物質はすべて、㈠高価で、㈡きわめて危険だったことだ。化学物質が発火することがあり、漏れたら大勢の人々を毒する可能性があった。実際、ミジリーが冷蔵に取り組み始めた一年後、クリーヴランド病院の冷蔵設備から塩化メチルが漏れて、一〇〇人以上が死亡した。

当然のことながら、この問題が足かせとなって、冷蔵の技術はなかなか広く行きわたらなかった。目標は単純だった。発火しなくて安価で毒性がなく、当時の冷却剤と同じ作用をするものを見つければよかった。ゼネラルモーターズ社はそのころ、冷蔵庫の会社を買収し、フリッジデール社と改名した。この問題さえ解決すれば大儲けできることは自明の理だった。

ミジリーの取り組みは、今回はそれほど場当たり的ではなかった。どうあろうと、彼はこのとき一〇年以上の経験があった。冷却剤として知られる化学物質の特性を研究し、利用できそうな候補としてすぐにフッ素に目をつけた。フッ素の毒性を中和させるには炭素と混ぜ合わせればいいと思い、初めからほぼ完璧にこれをやってのけた。ミジリーのチームが試験用につくった最初の化学物質の一つは、ジクロロジフルオロメタンだった。これは日本ではフロンという俗称で呼ばれ、日本以外では彼らが名づけたデュポン社の銘柄「フレオン」としてよく知られている。

ミジリーはアメリカ化学会の会合で、フロンの安全性を示して絶賛された。芝居気たっぷりにフロンを胸いっぱい吸い込み、吸い込んだフロンを吐き出して、ろうそくを吹き消してみせた。毒性はなく、燃えないし、素晴らしい冷却剤だ、というわけだ。彼はただ単に新しい化合物を一つ見つけただけではなかった。まったく新しい種類の化合物群を見つけたのだ。その化合物群には共通の似た性質があった。それらはクロロフルオロカーボン（ＣＦＣ）類、すなわちフロン類として知られるようになった。

残念なことに、一九三〇年初頭には誰も「オゾン層」とは何であるか、成層圏にあるこの酸素分子の薄い帯状の層が、太陽の有害な紫外線から地表を守っていることがどんなに重要かをよく知らなかった。海抜ゼロの地点ではまったく害がないフロンが、大気の上層に行くと危険なものになるとは知らなかった。大気の上層では強い紫外線がフロンを破壊し、フロンがばらばらの組成要素になる。そして、その要素の一つである塩素がオゾンを破壊し、地球を守る盾を奪ってしまうのだ。

公正を期すために言っておくと、ミジリーたちはフロン類の使用が冷蔵だけにとどまらず、幅広く利用されるとは予想していなかった。すぐに人々は新しく出てきたきわめて安全な化学物質はほかの多くのことに、とりわけエアゾール・スプレーの高圧ガスとして利用できるとわかって胸を躍らせた。フロンは第二次世界大戦中と戦後に殺虫効果のある農薬を噴霧するのに広く利用された。農薬にはＤＤＴが含まれていた。ＤＤＴは化学の大規模な失敗の典型例で、先天性欠損を引き起こす悪夢となった農薬だ。虫を殺すために使ったＤＤＴとフロンがどちらも人間に害をおよぼすものだったことは、歴史上の暗澹たる皮肉である。

戦後、エアゾールはスプレー塗料から消臭剤までさまざまな形でどこでも日常的に使われた。そして、私たちが放った大量の噴霧剤は上空の成層圏まで上がっていき、オゾン層を破壊し始めた。

ここでの良い知らせは、この件では人類は大規模な死者を招く前に問題に気づいたことだ。やったね！　人類が一点を勝ち取った！　最初に有鉛ガソリンを段階的に減らしていこうという動きが始まった一九七〇年代にオゾン層の穴が大きくなっていることも見つかり、それがフロン類に関係していることもわかった。このことで、オゾンの破壊が現在の比率で進行し続ければ、人類は破壊的な紫外線にもっとさらされるようになり、皮膚癌と失明が数十年以内に急増するだろうと警鐘が鳴らされた。

そして、世界は一九七〇年代から一九九〇年代にかけて、トマス・ミジリーがもたらした過去の業績を巻き戻し始めた。どちらの発明も世界中の大半の国で廃止されたか、段階的に中止された。それでもまだ莫大な量の鉛で環境が汚染されている。鉛は自然に分解したり、消失したりしないため、除染は至難の技である。だが良い知らせは、少なくとも今はもう子どもたちがほとんどの場所で以前ほど鉛を吸い込んでいず、多くの子どもたちの体内の鉛の量は毒性レベルを下回っていることだ。よかったね。一方でCFC類は広く禁止されたため、オゾン層はゆっくりと回復し始めた。すべてがうまくいけば、二〇五〇年までにミジリー以前の状態に戻るはずだから、がんばろう。

一方でミジリーの評判は定まった。「ニュー・サイエンティスト」誌は、彼の存在は「環境災害のワンマンショー」だと表現し、『二〇世紀環境史』〔名古屋大学出版会〕を著した歴史家のジョン・ロバート・マクニールの言葉では、「地球の歴史上どの生物より大気に影響を及ぼした」男である。

だがミジリーが思いがけず、現代の世界を形づくったのもまた真実である。アンチノック剤を混ぜた燃料を使ったことで、車は世界のいたるところで輸送手段の主流となった。そして、単なる道具としてだけでなく、「この車は自分だ」という自己表現や個人主義の力強い象徴となり、ステータスシンボルとして確立された。ＣＦＣ類を発見したことで、家庭用の冷蔵庫が出まわり始めただけでなく、エアコンも生み出した。エアコンがなかったら、世界の大都市は現在のようにはなっていなかったはずだ。ミジリーの二つの発明がペアを組むこともあり、車がエアコンを内蔵してさらにパワフルな乗り物になったために、一般的な長距離ドライブが現実的なものになったばかりか、楽しめるものにさえなった。二つ例を挙げると、アメリカ西部や中東のような炎天下の地などは、トマス・ミジリーの発明がなかったら、おそらく今のように発展していなかっただろう。

ドライブに関してだけでなく、幅広い文化活動においても連鎖反応があった。たとえばアメリカの映画館は早い時期にエアコンを採用したため、大恐慌の間の余暇の活動としてシネマブームに火がついた。そして、文化としての映画の黄金時代の影響力は不動のものとなり、おそらくは二〇世紀における決定的な娯楽となった。このことはつまり、車が行き交い、エアコンが稼働し続け、映画産業の拠点となったロサンジェルスはトマス・ミジリーが発明したということだ。

だから、今度、映画館で危険をものともしない熱血刑事が犯罪の急増に立ち向かうような、阿呆なハリウッド映画をご覧になる機会があれば、あなたがそこでそうしているのも、害のない化学を発明したつもりのトマス・ミジリーが一ガロン当たり三セントを上乗せしたからだという事実に思いを馳せていただきたい。

自分の科学実験で死亡した六人の科学者

ジェシー・ウィリアム・ラジア

死をもって自分の理論の正しさを証明したアメリカの医者。病気を伝播する蚊に自分を刺させ、黄熱病《おうねつびょう》は蚊によって媒介されるのではないかという仮説を裏づけた。

フランツ・ライヒェルト

オーストリア系フランス人の仕立屋。一九一二年に精巧なパラシュート・スーツをテストするため、（そもそもマネキンを使うはずだったのに）それを着て自信満々でエッフェル塔から飛び降り、真っ逆さまに落ちて死んだ。

ダニエル・アルシーデス・カリオン・ガルシア

ペルーの医学生カリオンは、カリオン病を調査しようと決意した。もちろん当時、それはカリオン病とは呼ばれていなかった。彼が犠牲者の疣《いぼ》から抽出した血液を自分に注射して死んだあとで、そう名づけられた。

エドウィン・カツキー

アメリカの医者。一九三六年に当時は麻酔薬として知られていたコカインになぜ否定的な副作用があるかを知りたかった。大量に自分に注射をして、自分の事務所の壁に夜を徹して殴り書きをしたあげく、しだいに判読しがたい文字になっていき、しまいには死んだ。

カール・ヴィルヘルム・シェーレ

スウェーデンの天才化学者。酸素、バリウム、塩素のような、多くの要素を発見した。だが、新たに発見した物質をそれぞれ舐める癖があった。一七八六年に鉛、フッ素酸、ヒ素などの物質を舐めたために死んだ。

クレメント・ヴァアランディガム

初期の科学捜査の草分けとなったアメリカの弁護士。殺人容疑者を弁護し、被害者が偶然に自らを撃った可能性があることを証明すべく、偶然に自分を撃った。彼は死に、彼の顧客は無罪となった。

第10章　人類が失敗を予測できなかった歴史

現代はややこしい世界である。私たちはめまぐるしい速度で技術と社会が移り変わる時代を生きている。一世代のうちに、一〇年のうちに、ときにはたった一年で、私たちの生き方にめざましい変化が起こるかもしれない。何もかもがつねに新しく感じられるが、同時に過去の過ちの再現速度が輪をかけて速まっているだけという感覚は否めない。どういうわけか、私たちはこれから起こる過ちをつねに見落としている。

第1章で述べたように、私たちは未来を正しく予測し、未来に備えて計画を立てる能力が素晴らしかった例《ためし》はなく、過去数世紀で変化の速度が早まってきたことは何の助けにもならなかった。つねに予想のつかない新奇なことの渦中にいるとき、私たちが判断するのに普段から頼りにしている経験則はうまく働かない。大量の情報に爆撃のようにさらされると処理が追いつかず、バイアスを確証してくれるものを選び取る時点に逆戻りしてしまうのは無理もない。だが、私たちが絶えまなく新しい何かをする方法を学び続けているなら、ダニング＝クルーガー効果の犠牲になっているかどうかを誰が決められるだろうか？

　つまり、私たちはつねに果てしない「初めて」の時代を生きていて、その「初めて」の経験の大半がこれから起こるとわからなかったか、わかっていた人たちを無視していた。残念なことだが、すべての「初めて」が良いとは限らない。これについては、メアリー・ワードにお尋ねいただきたい。

　メアリー・ワードはいろいろな意味で先駆者だった。メアリーは一八二七年、アイルランドのオファリー州で貴族の家に生まれた。それだけではない。幼いころから、科学者にかこまれて育ち、親戚も家を訪れる客たちも科学者だった。幸運だったのは、科学への興味が育まれただけでなく、物を買ってもらえたことだ。子どもころ、メアリーの自然界への興味を見てとった両親は顕微鏡を買い与えた。それは当時、国で最高のものだった。この贈り物はまさにメアリーにふさわしく、メアリーは顕微鏡で観察した微細なものを描くまれな才能に恵まれていることがわかった（一〇代のころ、メアリーはパーソンズタウンのリヴァイアサンの建設をスケッチしている。この巨大な七二インチの反射望遠鏡を建てたのはメアリーのいとこで、ロイヤル・ソサイエティーの前会長ウィリアム・パーソンズ。これは一九一七年まで世界最大の望遠鏡の記録を保持していた）。

　大人になったメアリーは科学者たちと文通で交流し、イラストの才に恵まれていたおかげで、親交のあった科学者たちの本のイラストを何冊も請け負った。そして一八五七年、販売されていた顕微鏡で見た生物の本のイラストが期待はずれでがっかりし、自分のイラストを本にして印刷しようと心に決めた。女だから興味を持ってくれる出版社はないと思い（これは理由のないことではなかった）、二五〇部を自費出版したところ、本は売り切れ、出版社の目にも留まった。この場合、イラストの美しさと文章の質に意義があると思われて、女であることは大目に見られたのかもしれない。『顕微鏡でわかった不思議な世界』という題名で出版されたこの本は、ちょっとしたブームを巻き起こした。その後一〇年間で八回増刷されて、「ポピュラー・サイエンス」と呼ばれる分野の草分けの一冊となった。

メアリーのポピュラー・サイエンスの仕事はこれだけではなく、ほかに二冊を執筆した。その一冊は顕微鏡の本と対《つい》になった望遠鏡の本で、これは一八六二年の水晶宮の博覧会で紹介された。彼女はほかの著名な科学者の作品のイラストも数多く描いた。メアリーは科学雑誌の記事もいくつか執筆し、ヒキガエルの研究についての記事はなかなか評判がよかった。当時、女性は大学への進学が許されなかったため単位はもらえなかったが、メアリーは王立天文学会というイギリスの学術団体の連絡先の名簿に載った三人の女性のうちの一人になった。ほかの二人のうち、ひ

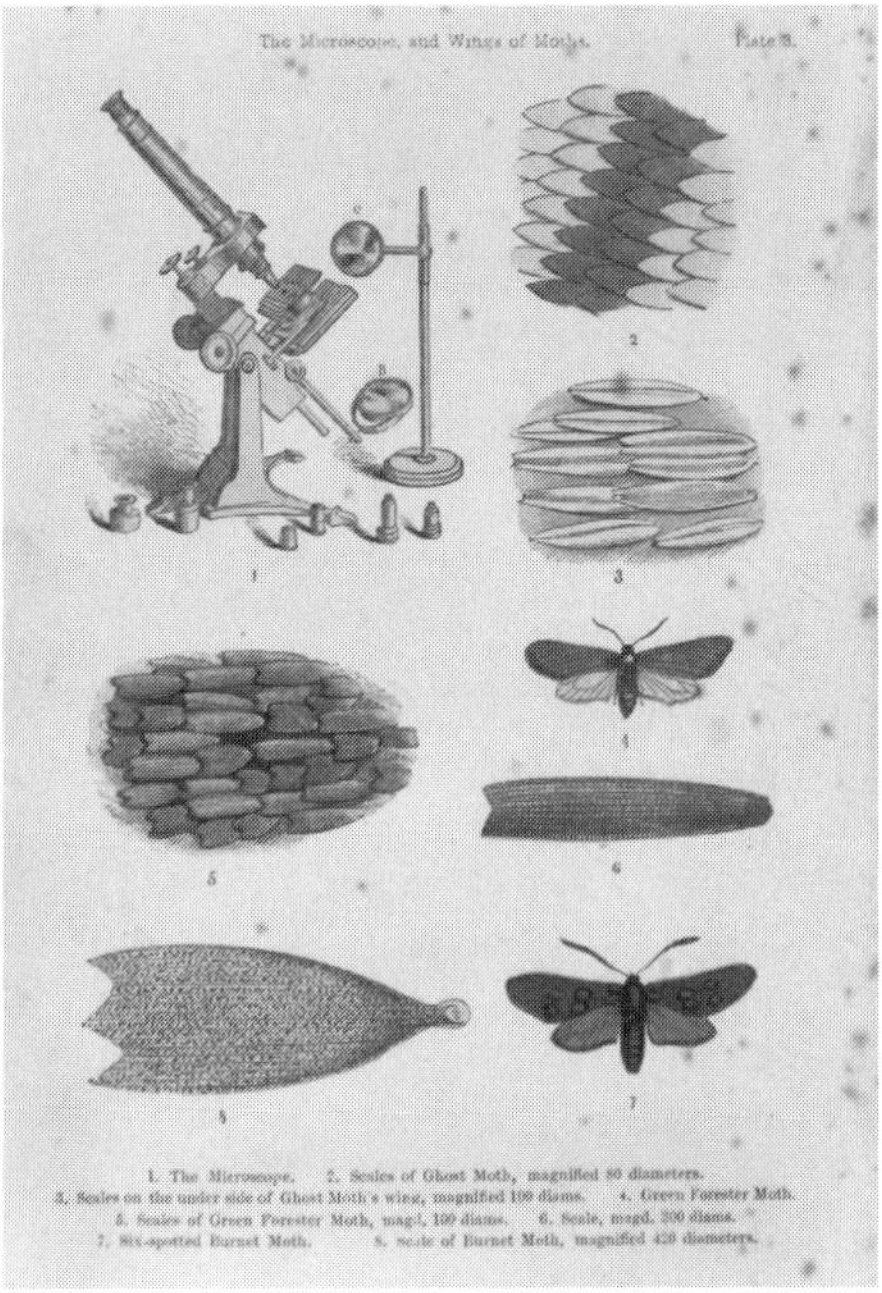

1859年、メアリー・ワードの『顕微鏡でわかった不思議な世界』の表紙。

とりはヴィクトリア女王だった。

これまでの話は全部……前置きである。なぜかというと、メアリー・ワードは素晴らしい人生を生きた才能ある女性だったが、今日、知られているのはそのためではないからだ。本来、その才能で有名になるべきだったのに、一八六九年八月三一日にパーソンズタウンで起こった出来事のせいでそうはならなかった。その日、四二歳の誕生日を迎えたメアリーは夫のヘンリー・ワード大尉が運転する蒸気自動車に乗っていた。この車は自家製だった。メアリーはいつも科学者にかこまれていて、これはいとこのウィリアム・パーソンズが製造したものだった。

当時、このような乗り物に乗るのは珍しい経験で、新しい時代がやってくる前触れだった。蒸気自動車はそれより一世紀前にフランスで製造されていたが、これはまだ今日でいう車と認識されるものが出現する前のことだった。当時、蒸気自動車は十分に目を引くもので（不恰好でかさばるために、その重量で道をだめにするのではないかと危惧されたほどだ）、イギリスはこの数年前の一八六五年に蒸気自動車の利用を規制する法律を可決させた。それでもまだ珍しく、実験的な新しい乗り物だった。メアリー・ワードは世界に住んでいた何億もの人類の中で、当時、車に乗っていた先がけの一％の人たちのなかでも、ごくわずかの中のごくわずかだった。

車は教会そばのカンバーランド通りの角を急に曲がったとき、時速五五キロの速度でパーソンズタウンのモールに衝突したと記録されている。単なる悪運だったかもしれない。馬車や荷車向けの道はでこぼこだったのかもしれない。車は馬の扱いとはまったく違い、リスクが異なるために、「急に曲がる」という概念が念頭になかったのかもしれない。メアリーはただ、この体験に胸をときめかせ、未来の可能性に心躍らせていただけかもしれない。それとも、これまで来た道のりを振り返り、身を乗り出しすぎたのかもしれない。

理由はどうであれ、車が角を曲がったときに片方の端がわずかに傾き、メアリーは車から投げ出されて車輪の下だった。首の骨は折れ、ほぼ即死だった。

メアリー・ワードは世界の歴史上、自動車事故で亡くなった人物の第一号だった。

多才なメアリーはいろいろな意味で先駆者だったが、かならずしも人は何で先駆者になるかを選べるとは限らない。今日、世界で毎年、およそ一三〇万人が自動車事故で亡くなっている。未来は不都合にも思いのほか早くやってきて、私たちは日夜、それを予測する必死の努力を続けている。

たとえば、ロンドンの文学・政治の雑誌「クォータリー・レビュー」は、一八二五年に機関車には未来がないと予測し、当時は一般的だった四頭立ての馬が牽引《けんいん》する屋根つき馬車と比べ、「蒸気機関車が駅馬車の倍の速度で移動できるという見通しほどばかげたものはない」と書いている。

数年後の一八三〇年、イギリス議会の議員で元陸軍・植民地大臣だったウィリアム・ハスキソンは、リヴァプール・アンド・マンチェスター鉄道の開通式に参加し、リヴァプールからマンチェスターまで、ウェリントン公爵をはじめとする大勢の最重要な来賓たちと開通記念の蒸気機関車に乗っていた。エンジンの給水のために途中で停車し、乗客は客車から離れないようにと指示されたが、そんなことはお構いなしだった。ハスキソンはウェリントン公爵と口論をしてしまったので、仲直りの握手に行くことにした。それで反対路線に立っていたのだが、そのとき、ジョージ・スティーブンソンの有名な蒸気機関車、ロケット号が猛スピードで向かってきた。乗客はやってくる列車の軌道から出るようにと警告されたが、ハスキソンは不慣れな状況に気が動転し、どちらに動いていいか決めかねた。ほかの乗客と一緒に線路の向こう側にいればよかったものを、あげくの果て、ウェリントン公爵の客車によじ登ろうとした。そして、必死でつかんでいたドアが開いたとき、そのままロケット号の軌道に押し出された。そして、ウィリアム・ハスキソンは、鉄道事故で落命した歴史上の最初の人物となった。

一八七一年、アルフレッド・ノーベルはダイナマイトの発明についてこう語った。「おそらく私の工場は、世界各国の政府より早く戦争を終結させられる。二つの部隊が一瞬にして互いに全滅させられる日が来たら、文明化された国ならどの国でも恐れをなして軍隊を解散させるだろう」

一八七三年、世界の株式市場は思惑買いの原因となるバブル経済がついに弾《はじ》けたときに崩壊した。その後、世界規模の不景気が何年も続いた。

一八七七年、ノーベルのあとの数年で、ガトリング砲を発明したリチャード・ガトリングは、この発明をしたことで、戦争での新しい人類の時代が到来することを願っている、と友人に書き送った。発明するにあたって、どんなことに突き動かされたのかについては、こう記している。「兵士が前線に行って怪我や病気になり、死亡して戻ってくるのをほぼ毎日、目の当たりにした（あとで）、こんな考えが心に浮かんだ。私がこの急激に火を吹く機械、つまり一人で一〇〇人分の戦闘義務を果たせる銃を発明したら、大軍隊の必要性がそれほどなくなる。結果として戦闘に行く兵士や病気になる兵士の数が減るだろう」

一八七七年、電報の大会社だったウェスタン・ユニオンの社長ウィリアム・オートンは、電話の権利を売りたいというアレクサンダー・グレアム・ベルの申し出をはねつけた。「うちの会社にとって、電気のおもちゃにどんな価値があるのかね？」

一八八八年、シカゴのメソジスト伝道者のグループは金が入り用になり、「巡回する献金箱」と言われるものを思いついた。一〇セント銅貨の寄付を求める一五〇〇通の手紙を送り、同じ要望の手紙を友達三人に送ってほしいと頼んだ。これで六〇〇〇ドル以上を集めることができたが、同じ手紙を何度も受け取った大勢の人たちを激怒させた。これが世にはばかられるチェーンレターの始まりである。

一八九七年、イギリスの高名な科学者ケルヴィン卿は「ラジオに未来はない」と予測した。また、同じ一八九七年に「ニューヨーク・タイムズ」紙は、ハイラム・マキシムが自動機関銃を発明したことを称賛した。これほど恐ろしい代物が出てきたからには戦争は起こらなくなるだろうという主旨だった。マキシムの銃を「平和を生み出し、平和を保つ脅威」と呼び、「この機関銃の破壊力のおかげで、国民も統治者も他国を征服しようとする前に、戦争の結果をもっとよく考えるようになるだろう」と書いた。

一九〇二年、ケルヴィン卿は飛行についての意見を求められて、大西洋横断の飛行は不可能であり、「風船も飛行機も実際には成功しないだろう」と予測した。その一八ヶ月後、ライト兄弟は最初の飛行を果たした。オーヴィル・ライトは一九一七年の手紙で思い出を語っている。「兄と私は最初の有人飛行のマシンをつくって飛んだとき、私たちは事実上、戦争を不可能にする発明を世界に紹介したと思った。そう考えたのが私たちだけでなかったことは、フランス平和協会が発明を理由に私たちにメダルを授与したことからもわかる」

一九〇八年、トマス・セルフリッジ陸軍士官は、オーヴィル・ライトの飛行デモの乗客となった。ヴァージニア州フォートマイヤーを飛ぶ五度目の飛行で、プロペラが壊れて飛行機は墜落した。この事故でライトは生き延びたがセルフリッジは死亡し、歴史上、飛行機事故で命を落とした最初の人物となった。

無線通信の発明者であるグリエルモ・マルコーニは「無線の時代の到来は戦争を不可能にするだろう。戦争をばかばかしいものにするからだ」と一九一二年に予測した。だが二年後の一九一四年、世界は戦争を始めた。

一九二九年一〇月一六日、高名なイェール大学の経済学者アーヴィング・フィッシャーはこう予測した。「株の価格は永遠に高い横ばい状態に思える時点に達した」。八日後、いきなり世界の株式市場は崩壊した。楽して得られる借金を燃料とするバブルはいつかは弾けるからだ。経済危機のあとでグローバルな不景気は何年も続いた。そして、民主主義の投票者の多くは、ますます権威主義者でポピュリストの政治家たちに惹かれ始めた。

一九三二年、アルバート・アインシュタインは「それ［核エネルギー］ができる兆しはみじんもない」と予測した。

一九三八年、イギリス首相ネヴィル・チェンバレンはアドルフ・ヒトラーと署名を交わした協定書を持って帰国し、「われわれの時代が平和であると信じている」と予測し、「家に帰って静かな良い眠りに就いていただきたい」と締めくくった。翌一九三九年、世界は戦争に突入した。

一九四五年、ロスアラモス国立研究所で原爆の開発計画をした責任者ロバート・オッペンハイマーは、「この兵器をもってしても人類に戦争終結の必要性をわからせることができないなら、実験室から得られるものは何もない」と書いた。オッペンハイマーの願い、そしてノーベルやガトリング、マキシムやライト兄弟の願いとはうらはらに、今でも戦争はある。だが曲がりなりにも、まだ（本書の執筆中には）核戦争はないのだから、これについてはおそらくオッペンハイマーの判定勝ちである。

1938年9月、ネヴィル・チェンバレンが掲げているのは、彼とヒトラーが署名したミュンヘン協定。Getty Images: Hulton Archive

一九六六年、高名な設計士リチャード・バックミンスター・フラーは、二〇〇〇年までに「皆に十分な物が行きわたれば政治は次第になくなるだろう」と予測した。

一九七一年、ソ連の宇宙飛行士ゲオルギー・ドブロヴォルスキーとヴィクトル・パツァーエフ、ウラディスラフ・ヴォルコフの三人は、宇宙ステーションからの帰還中にソユーズのモジュールが減圧され、宇宙で死んだ最初の人たちになった。

一九七七年、デジタル・エキップメント社のケン・オルセンはコンピュータ産業はつねに隙間産業

1951年、ネヴァダ州における核実験。Getty Images: Hulton Archive

だと語った。「家にコンピュータを置いておく理由がある人などいないから」。一九七八年、デジタル・エキップメント社の販売責任者ゲイリー・サークは顧客から頼まれてもいないのに、製品を宣伝する電子メールを最も初期のインターネットであるアーパネット上の受信者四〇〇人に送りつけた（彼によると功を奏したようだ。この会社はこの電子メールによる宣伝のおかげで、何百万ドルものコンピュータを売ることができた）。

一九七九年、ミシガン州のフォード社の工場で働いていた労働者、ロバート・ウィリアムズは、歴史上、ロボットに殺された最初の人物となった。

二〇〇七年、金融解説者だったラリー・クドローは「ナショナル・レヴュー」誌にこう書いた。「景気は後退しないだろう。悲観論者たちは間違っていた。そんなことは起こりようがない……ブッシュ時代の好景気は健在で上々だ。じきに六年連続となるし、まだまだ続く。そう、今でもまだ、いまだかつてなかった最高の物語である」。二〇〇七年一二月、アメリカは景気後退に陥った（これを書いたラリー・クドローは今、アメリカ国家経済会議の委員長になっている）。二〇〇八年、世界の株式市場は崩壊した。それは思惑買いの原因となり、たやすく得られる借金を燃料とするバブルが弾けたときだった。世界規模の不景気は何年も続いた。経済危機のあと、民主主義の投票者たちはますます権威主義者でポピュリストの政治家たちに惹かれ始めた。

二〇一六年八月に一二歳の男の子が死に、この子のほかに少なくともトナカイを放牧している遊民二〇人が病院で手当てを受けた。シベリアのヤマル半島で炭疽菌《たんそきん》が発生したのだ。炭疽菌がこの地で見られたのは七五年ぶりだった。発生は夏の熱波の時期に起こった。普通より二五度高い気温だった。シベリアをおおう分厚い永久凍土が熱波で融け、何十年も前に形成された氷の層をむき出しにした。そこには一九四一年に発生した炭疽菌で死んだトナカイの凍った死体があった。

氷は病原体をそのままの状態で保つことができる。何十年も何百年も、もしかしたらもっと長く、生きているが活動していない状態で保つのだ。ロシアの冬がヒトラーの軍隊を敗ったころから病気はずっと零度以下の気温で休眠状態にあり、氷の檻《おり》が融けるときをひたすら待っていた。二〇一六年についにそのときが来て（それは記録をし始めて以来の、地球上で最も暑い年だった）、温暖化の世界がバクテリアをもう一度、解き放った。まずは二〇〇〇頭のトナカイが感染し、それが人間にも押し寄せた。

災難がそんなに複雑怪奇だと予想できた者は誰もいなかったと言いたくもなる。だが、実際はこれより五年先立って、二人の科学者はまさにこのことが起こると予測していた。つまり、気候変動がさらに悪化したときに永久凍土層が次第に後退すれば、長いこと存在しなかった歴史上の病気が将来的に世界に戻ってくると。これは気温が上昇した場合に限って、歴史を後戻りさせるという興味深い結果をともなって起こり続ける。実験室で仕事に精を出したトマス・ミジリーに戻り、公園で鳥かごを開けるユージーン・シーフェリンに戻り、帝国を夢見るウィリアム・パターソンに戻り、産業革命の結果としての気候の変化が私たちを過去に後戻りさせるのだ。今世紀の間に、どれだけ多くの人が気候変動のせいで殺されるのかわからないし、それがどんなふうに社会を変えるのかもわからない。だが、人類はゾンビの状態だった炭疽菌を墓場から呼び戻すことになった。つまり、少なくとも犠牲者のひとりは、私たちの決断が招いた意図せぬ帰結のせいで亡くなった。あの男の子はおそらく、私たちの決断のせいで亡くなる最後の犠牲者とはならないだろう。

二〇一六年五月七日、メアリー・ワードが運命的なある夏の朝にドライブに出かけてから一世紀半と少しが過ぎ、ジョシュア・ブラウンという男がテスラのモデルSに乗り、フロリダ州ウィリストン近くの道路を自動操縦モードで走っていた。のちの捜査でわかったのは、彼が運転していたのは三七分間だった。ハンドルに手をかけていたのは二五秒間で、残りの時間は車を制御するソフトウェアに頼っていた。トラックが道路に入ってきたとき、ブラウンにもソフトウェアにもトラックが見えなかった。そして、車は激突した。

ジョシュア・ブラウンは歴史上、自動運転の自動車事故で亡くなった世界初の人物となった。

素晴らしい未来へようこそ。

おわりに――将来の失敗

二〇一八年四月、すでに閉鎖されていたオーストラリアの石炭火力発電所を、またしても始動させるという取り決めが発表された。これが尋常でなかった理由は言うまでもない。気候変動の原因となっている化石燃料から世界がゆっくりと遠ざかろうとしているときに、石炭を燃やす発電所を再開するのは、奇妙な動きのように思えるからである。しかも再開のおもな理由が、仮想通貨の採掘会社に安い電力を供給するためだというのだから、輪をかけて奇妙である。

ビットコインは最も広く世に知られた仮想通貨であるが、デジタルマネーのブームで儲けたい会社が新しい仮想通貨をひっきりなしに売り始めると、その生態系は絶えまなく拡張していく。こうした通貨はたとえば金塊のように「採掘」されるものではない。コンピュータコードがあり、そのほとんどはブロックチェーンと呼ばれる技術にもとづいている。それぞれの仮想通貨は単に象徴としての価値があるだけでなく、仮想通貨の取引履歴の元帳でもある。仮想通貨の作成と、複雑さを増していく取引ログの処理に必要となる計算処理能力はばかでかい。しかも、仮想通貨を採掘するための巨大なデータセンターを運用するにも、加熱したときの冷却にも、とてつもなく大量の電力を消費する。

仮想通貨に本質的な価値はない。フローを規制し制御する中央権力のようなものは、あえて持たないようにできている。必要となるのは、仮想通貨の作成や交換に必要な演算のコストである。これが未来の通貨だと信じる人たちがいるということが、多くの仮想通貨に多大な価値を与えている。皆が価値あるものとみなしているか、最低でもあなた以上にそれに価値があると思っているカモがただちに現れるからだ。だがそれも、急にそうでなくなるまでのことである。このように仮想通貨の価値は完全に市場のムードによりけりで、きわめて不安定になる。これは昔ながらの金融ブームであり、何度も繰り返しバブルをふくらませては弾けるものだ。音楽が鳴りやんだとき、突如として誰もが最後に持っていたくない無価値な代物となる。

だが、たいていのブームと同様に、結果は現実世界にあらわれる。それはオーストラリアが発電所を再開しただけではない。アメリカのど田舎だった西部にゴールドラッシュで一攫千金を夢見た大勢の人たちが流れこんでから一七〇年が経ち、新たなゴールドラッシュが起こっている。安価な電力と家賃、安価に建物を建てられる敷地につられて、仮想通貨の会社は何億ドルも投資をして、ワシントン州、モンタナ州、ネヴァダ州などの小さな田舎町で、電力を大量消費する仮想通貨の採掘のためのデータセンターを置いている。二一世紀の「採掘者」が引っ越してきた町の住人は、二四時間ひっきりなしに稼働し続けるサーバー音で眠れず、健康に害があるとこぼし、地元の野生動物を追い払ってしまうことを懸念している。

二〇一八年の終わりには、ある概算が、ビットコインの採掘だけでオーストラリアの国全体と同等のエネルギーを使い果たすと予測した。

本書は過去に犯したヘマや過ちについてだが、今このときに私たちが犯している過ちや、今から数年以内に犯す過ちについてはどうだろう？　将来の失敗はどんな形を取るだろうか？

言わずもがなだが、予想をすればそれがどんな予想であっても、はるか未来に生きる歴史家たちからまぬけだと思われること間違いなしだ。数十年先、数百年先に、人類がそれまでに経験したこともない初めての過ちを犯すかもしれないし、過ちを犯すことをぴたりと止める方法を見つけているかもしれない。だが金を賭けるなら、私たちはおそらく過去の過ちとまったく同じ過ちを犯し続けると考えるのが理にかなっている。

言うまでもないことからお話ししよう。

私たちは何の気なしにあらゆるものをそこらの地面に捨ててきた。それはおそらく問題ない。問題なのは工業革命が始まって以来、明るく楽しく燃やしてきた炭素である。これが皆の生活を台なしにしてしまった。

人為的な気候変動が起こっているのは現実で、世界のコミュニティや文明のさまざまな面が、いつなんどき存亡の危機に見舞われてもおかしくない。このことは科学的な事実として十分に立証されている。もうこの時点では、証拠を繰り返すのもうんざりするように思える。気候変動にまつわる話が何もかも、ポリウォーターやN線のようだと数年以内にわかって、皆が赤っ恥をかくことなどありえない。そんな時点はとっくに通り越している。それでもどうやら、いまだに多くの人たちには、依然としてこれを否定する理由がたくさんあるようである。それは経済や政治の観点からだったり、ただ逆張りしたいだけのひねくれ者のお楽しみのためだったりとさまざまだ。私たちは人為的な気候変動について「実際に何かをする」段階で何かしらの進展があるたびに、「それが本当かどうかを検証する議論」の段階に引き戻され続けている。これは当時、有鉛ガソリンの製造会社が使っていた手引きそのものだ。悪質な会社のほうは訴えが間違っていると証明しなくてもよく、いつまでも「まだ結論は下されていない」と言い続け、できるかぎりの甘い汁をむさぼっていればいい。

だから、家に火がついてパニックになって走りまわっていないといけないときに、私たちは手で耳をふさいでまさに「何も聴こえないもんね」の集団版をやっている……そんなところだ。記録上の最も気温の高い一八年のうちの一七年は二〇〇〇年以降のものである。二〇一八年四月には、大気中の二酸化炭素濃度が地質年代で初めて一〇〇万につき四一〇の閾値《しきいち》を超えた。過去、これほど高かったのは中期更新世の温暖期だけである。それはちょうどルーシーが木から落ちた約三二〇万年前のことだ。もしあなたが、「そうか、昔はそんなに高かったなら、そう悪くないじゃないか」とお考えなら、そのころは海水位が今より六〇フィート〔約一八メートル〕も高かったことをご承知おきいただきたい。

しかも、二酸化炭素がしているのは気候変動だけではない。事実、大気中の二酸化炭素の濃度を低く保っていられる理由の一つは、海がいくらかを吸収してくれているからだ。良いことではないかって？　違う。海水はもっとこう、あなたの彼氏のようにかなり単純なのだ。言い換えると、酸性よりアルカリ性のほうに傾いている。だが二酸化炭素を吸収すれば海はもっと酸性になり、海がもっと酸性になれば小さな軟体動物から大きな魚まで海洋生物への連鎖反応が生じてくる。

おまけにこれが海の温暖化と重なったら、もっと悪いことになる。それが今、起こっていることである。水中がどんなにひどい状態になっているか、その例を知りたいなら、巨大サンゴ礁グレート・バリア・リーフ（これは現実の自然界の現実の美しい景観である）は憂慮すべき異常な速さで死にかけている。二年連続の大規模な「白化」現象で広範囲にわたるサンゴ礁が死に絶えてしまった。

私たちは少ししくじったかもしれない。

もちろん、私たちが断固として精力的に推し進めてきたヘマはこの程度ではない。私たちには世界を台なしにするいろいろな選択肢がある。たとえば二〇一八年五月の報道で、フロンガスの排出量がいきなり急増したことを科学者たちが検知した。世界のどこかで、おおかたアジアだろうが、とっくに廃止されたと思われたトマス・ミジリー発明のフロンガスを、またしても誰かが製造し始めたのだ。そうすることでオゾン層の回復が一〇年後戻りしてしまうのにおかまいなしだ。「過去の過ちから学ぶ」部門でこの連中をほめてやりたい。

抗菌薬耐性を例にとってみよう。抗生物質などの抗菌薬耐性のある薬は、二〇世紀の偉大な進歩の一つで、数えきれない命を救ってきた。だが、イースター島民が自分たちの木をやみくもに切り倒したのと同じで、私たちはあまりにも大量に、あまりにも頻繁に、抗菌薬耐性のある薬を使いすぎた。つまり、私たちが抗生物質を使うたびに、病原菌の一つが抗生物質に耐性を持つ機会を増やし、その病原菌のライバルを殺しているだけなのである。私たちの行為は進化を早めているだけで、抗生物質に耐性のある新種のスーパー耐性菌をつくりだしている。スーパー耐性菌は、歴史上の古くてたちの悪いあらゆる疾病を呼びさまし、一気によみがえらせるかもしれない（そうするのに、わざわざツンドラを融かす必要さえない）。

結果として、世界には効き目のある抗生物質が急速になくなりつつある。問題の一部は、抗生物質の新薬は、製薬会社が資金を投資するほど利益を生み出さないことだ。ある概算によれば、抗菌薬耐性のある疾病により、すでに毎年七〇万人が命を落としている。

または、おそらく決断を何かに委託し続けることで滅亡する。コンピュータのアルゴリズムに決断を託せば、どういうわけだか決断がより優れたものになり、決断の結果が良くないときに自分のせいにならないと思えるからだ。自動運転車を制御するアルゴリズムなどはこの一例である。ほかの例としては、アルゴリズムがどの株を売買するか、ＳＮＳのどのニュースを読むか、罪を犯した誰かの再犯の可能性はどれくらいかを決めている。これが人間よりずっと分別があると思いたいのはやまやまでも、現実はどうかというと、私たちがアルゴリズムに与えたあらゆるバイアスや誤った仮定をただ増幅しがちなだけである。

決断をコンピュータに委託する懸念はそこでとどまらない。人工知能（ＡＩ）の研究は速やかに進んでいる。何が恐いかというと、人類よりはるかに知能が高く、出来のいいＡＩをつくることができたあかつきに、ＡＩが私たちの味方でいると思うのは間違いかもしれないということだ。ＡＩは私たちを滅亡させるように仕向けることができるかもしれないし、私たちを脅威とみなして破壊するかもしれないし、単に人類がどれだけ尊いかを心得ないかもしれない。そして私たちはあらかじめ私たちがＡＩに設定した、「なるべく多くのペーパークリップをつくる」などの作業目標を成し遂げる道具のような存在になってしまうかもしれない。フランケンシュタイン博士のように、私たちが自らつくりだしたＡＩで滅亡する見通しはありえないように思えるかもしれないが、どうやら気を揉むほど大勢の知識人がその見通しを深刻に受け止めているようである。

そうでなければ、私たちはこのどれかが起こる前に核戦争で自滅するかもしれない。そうでなければ、失敗はそれほど壮絶でなく、私たちは怠惰なまま、くだらない未来に自分たちをじりじりと沈めていくだけかもしれない。大空に飛び立ち、宇宙の時代に突入してからも、宇宙でいらなくなったものをどう扱うかは、地上でつくりだすごみとまったく変わりなかった。ただその辺りにほったらかしにするのである。なんといっても宇宙は果てしなく広いのだから、そうして何が悪い、というわけだ。

そこでケスラー・シンドロームの出番となる。これはとうの昔の一九七八年にＮＡＳＡの科学者ドナルド・ケスラー博士が予測したことだが、それでも私たちは宇宙にごみを捨てるのをやめなかった。問題は軌道にものを捨てたら、それはどこにもいかないということである。車の窓からスナック菓子の空袋を投げ捨てたら、さっと忘れてしまえるのとわけが違う。宇宙に投げ捨てたごみは、それが投げ捨てられたときとだいたい同じ速度で、同じ軌跡を描いて軌道に残ったままになる。そして、ほかのガラクタとぶつかり合うこともある。

ここにある問題はこういうことだ。物体が軌道上で動いている速度のせいで、衝突は信じられないほど破壊的になる。小さなかけらがたった一度ぶつかっただけでも破滅的で、衛星や宇宙ステーションを破壊することもある。そして、こうした致命的な衝突が何千もの宇宙ごみのかけらをつくり出し、これがさらなる衝突を引き起こすのである。これはドナルド・ケスラーが予測したことだが、宇宙は次第に混み合ってきて、いつしかあと戻りできない臨界点に達する。衝突するたびにその衝突がさら

Getty Images News

に多くの衝突を引き起こし、しまいには高速ごみミサイルの雲が地球をすっぽりと包み込んでしまう。この結果、衛星は使いものにならなくなり、衛星を宇宙に打ち上げるのは致命的なリスクとなる。事実上、私たちは地球から出られなくなるのである。

これは奇妙にも、何百年も前にルーシーが始めそこねた旅の終わりにふさわしく、心に浸みる結末ではないだろうか。世界中を探検し、進歩を積みかさね、大きな夢や野望を抱いた末路として、皆が捨てたごみの牢獄から出られなくなり、地球上に封じ込められて終わりを告げるのである。

どんな未来が待ち受けているにせよ、どんな不可解な変化が、翌年、一〇年後、そして一〇〇年後にやってこようとも、私たちはたいして変わることなく、同じ行いを続けるのだろう。他人に責任をなすりつけ、空想世界を入念に築き上げさえすれば、自分のしたことに向き合わなくて済む。経済危機のあとでポピュリストの統治者たちが台頭し、金の争奪戦が繰り広げられる。集団思考に呑まれ、一過性のブームに浮かれ、確証バイアスに屈する。そしてまたもや性懲りもなく、この計画は抜かりなく、うまくいかないはずがないと心に言い聞かせるのだ。

それとも……もしかしたらそうでないかも? おそらくは今こそ私たちが変わり、歴史から学び始めるときかもしれない。もしかしたらこんなことはすべて、ただの悲観かもしれないし、今日、どんなに世界が愚かしく憂うつに見えても、現に人類はより良く、より賢くなっている。そして、しくじることのない新しい時代の夜明けを生きられることは、せめてもの幸いだ。たぶん、私たちには本当によくなる能力があるのだろう。

いつかおそらく、木にのぼっても落ちない日がくるかもしれない。

謝辞

大勢の人たちの協力がなかったら本書を書き上げることはできなかった。まず初めにエージェントのアンソニー・トッピングに感謝の言葉を述べたい。彼がいなかったら本書を執筆することはなかった。締切については大変申し訳なかったが、アレックス・クラーク、ケイト・ステファンソン、エラ・ゴードン、ベッキー・ハンター、ロバート・シルヴァーをはじめとするヘッドライン出版のスタッフと仕事をするのは喜ばしいことだった。また、ウィル・モイをはじめ、フルファクトの素晴らしいスタッフに、多くのことのなかでも、長らく待ってくれたことをとくに感謝したい。

　私の家族、両親のドンとコレット、弟で正真正銘の歴史家であるベンは、終始、支えになってくれた。ハンナ・ジュエルは面白おかしい歴史書を読んで得たひらめきや洞察を語ってくれ、幽霊の話で意気投合した。ケイト・アークレス＝グレイは話に共感して耳を傾け、賢い助言をしてくれたうえ、私に家の留守番までさせてくれた。マハ・アタルとクリス・アプレゲート、そしてニッキー・リーブズは数えきれないほどの提案をしてくれ、彼らと議論を交わしたことは良い刺激となった。また、私を応援してくれたツイッター上の頼もしい歴史家たち、とくにグレッグ・ジェナー（「はじめに」で彼の考えを簡単に紹介した）とファーン・リデルにも感謝しなければならない。どうか彼らの本も買っていただきたい。いかにも友達が大勢いるかのように見せかけるべく、もっと名前を挙げておこうではないか。ダミアンとホリー・カイヤ、ジェームズ・ボール、ローズ・ビュキャナン、アムナ・サリームなど多くの人たちが私に知恵を授け、ビールをおごってくれた。執筆の最終段階で何度も出くわしたナンケリー・オークスのおかげで書き続ける元気が出た。また、トム・チヴァーズとは一緒に昼食を食べられなくて申し訳なかったが、そのことで彼に感謝したい。本書の執筆中にチャーチズが力強いアルバムをリリースした。このバンド名をなぜここに挙げたのかというと、ひとえに文脈を捉えないでなんとなく名前だけを拾い読みしている人が、私の人生を実際よりすごそうだと思ってくれると願ってのことである。同じ理由で、ビヨンセ、ケイト・ブランシェット、デヴィッド・ボウイの幽霊にも感謝しておきたい。

本書におけるどんな失敗も私だけの責任であることは言うまでもなく、このなかの誰かのせいだと思わないでほしい。ただし、デヴィッド・ボウイの幽霊だけはその限りではない。

参考文献

本書の各章を執筆するに当たって、以下の書物から多くを学んだ。とりわけ記しておきたい書物は膨大にあり、いくつかはすでに言及している。本書では紙面の都合上、触れる程度だった話や例の情報源となってくれた本は、いずれも深くじっくりと読む価値がある。

まず、認知の歪みについての第1章で言及したダニエル・カーネマンの『ファスト&スロー――あなたの意思はどのように決まるか?』は、私たちの心の働きを理解する根拠を示している。また、ロバート・E・バーソロミューとピーター・ハッサルの『流行りの妄想の彩り豊かな歴史』は熱狂的ブームや集団パニックについて書かれた良書である。

ジャレド・ダイアモンドの『文明崩壊――滅亡と存続の命運を分けるもの』もすでに本書で言及した、第2章のイースター島の話を執筆するさいに豊富な知識を与えてくれた。第2章全体を通じてダイアモンドの影響が大きいことは言うまでもない。

ヴォルカー・ウルリヒの『ヒトラー(第一巻――昇進　一八八九―一九三九年)』は第5章のヒト

ラーの話の情報源になってくれている。同書についてミチコ・カクタニのみごとな書評「『ヒトラー』――『まぬけ』から扇情家への昇進」の主題に私が触発されたことにお気づきの方がいらっしゃるかもしれない。

本書で何度か言及したダグラス・ワットの『スコットランドの価格――ダリアンと連合と国民の富』は第7章のウィリアム・パターソンの愚行について、細部まで行き届く洞察に満ちた詳細が書かれている。

フランク・マクリンの『チンギス・カン――世界を征服した男』と、ジャック・ウェザーフォードの『チンギス・カンと現代の世界の創生』は第8章のホラズム帝国の話を執筆するのに重要だった。

また、本書に先立って本書と似た路線を歩んだ二冊の本に感謝を表したい。ビル・フォーセットの『歴史を変えた一〇〇の過ち――崩壊した帝国、破綻した経済、世界を変えた歴史の大失敗』と、カール・ショーの『失敗した人たちのマンモスブック』である。どちらも楽しく読めて、私がそれまで知らなかったいくつもの素晴らしい失敗を紹介してくれた。

Daniel Kahneman's Thinking, Fast and Slow
Robert E. Bartholomew and Peter Hassan's A Colorful History of Popular Delusions
Jared Diamond's Collapse
Volker Ullrich's Hitler: Volume I: Ascent 1889–1939
Douglas Watt's The Price of Scotland: Darien, Union and the Wealth of Nations

Frank McLynn's Genghis Khan: The Man Who Conquered the World
Jack Weatherford's Genghis Khan and the Making of the Modern World
Bill Fawcett's 100 Mistakes that Changed History: Backfires and Blunders That Collapsed Empires, Crashed Economies, and Altered the Course of Our World
Karl Shaw's The Mammoth Book of Losers

訳者あとがき

私たちの脳は実に素晴らしい。人類はほかの動物と違い、思考と創造性に幅が出てきたことで、目の前にないものを想像できる。大勢で協力し合って偉業を成し遂げることができる。帝国を興すこともできる。宇宙船を飛ばして月から石を持ち帰り、持ち帰った石が実は地球から飛んでいった石だったかもしれないとわかることさえできる。だが、人間を人間たらしめている素晴らしい性質が、人類の失敗とも大きくかかわっているとしたら？

本書『とてつもない失敗の世界史』は二〇一八年夏にイギリスで発売される前から大きな注目を集めた *Humans: A Brief History of How We F*cked It All Up*（Wildfire, 2018）の全訳である。版権は現在、二七ヶ国で売れ、世界的ベストセラーとなった。タイトルの通り、世界の失敗の歴史について書かれた本だが、同時に私たちの脳と脳の使いかたについて書かれた本でもある。私たちの脳と脳の使いかたが、失敗とどうかかわってくるか、ということが主要なテーマになっている。

基本的な考えはこうだ。私たちの脳は複雑で混沌とした世界にパターンを見いだし、経験則をはじめとする、さまざまな認知バイアスで〈脳の近道〉を通って瞬時に判断をくだすことで、生き残りやすくなった。ところが、こうした認知バイアスのせいで、ときに判断を誤ることがある。

というのも、大昔の私たちの祖先は危険に満ちた容赦ない世界で〈今、このとき〉を生き残り、次世代に遺伝子を伝えるまでを精一杯の目的としてきたからだ。ある遺伝子の特質がそれまでを乗り切れるなら、たとえ子々孫々を根こそぎにしようとも、その特質は選ばれていく。私たちの脳は最高に優秀な思考マシンをつくる目的で精巧に設計された結果ではないため、将来を予測し、計画を立てることに適していない。このことが失敗とかかわってくると著者は言う。

何をおいても、とにかく面白い本である。心理学、歴史学、人類学、考古学、科学など、多岐にわたる分野の学術的な流行や思考方法をなにげなく絶妙に混ぜ込んだ内容もさることながら、本書の最大の魅力は、できる限り正確に本書を記そうとする生真面目さに、ときおり皮肉とナンセンスと風変わりなユーモアを交える著者の書きっぷりである。このギャップが独特の面白さをかもし出し、私たちの認知バイアスがどのように失敗にかかわってくるかをつまびらかにしていく過程は、初めから終わりまで読む者を飽きさせない。

自国イギリスのパブとビールが好きで、どうやらアメリカのトランプ大統領を快く思っていない人物がたまたまそこにいて、面白そうな話を語っていると思ったら、ときに脱線して読者に向かって話しかける。そんな著者と読者とのフラットな関係性は、そのまま歴史上の人物との関係性でもある。本書に登場する人物はセピア色をした遠い昔の人物ではなく、時代を超え、国や人種を超えて、身近にいてもおかしくない人物として描かれる。

統治に向いていなかった専制君主の例では、皇帝でありながら軍隊の司令官になりきって遠征し、町人に扮して（今でいうコスプレか）買い物ごっこをしていた一六世紀の中国の正徳帝の話は、あまりにも現代的でめまいがする。また、おとぎの城をせっせと建てていたバイエルン王ルートヴィヒ二世は陰謀家たちに監禁されて謎の死を遂げたが、長い年月を経て、その城がディズニーの城やロゴのモデルとなったという話は、ちょっとした話の種になるかもしれない。ヒトラーについては、「天才的な悪人」などではなく、当時からばかにされていたまぬけな男で、自分ならこのまぬけを手のひらで転がせられるとあなどった側近こそが悪行を助けてきたのだと言い切っている。

どのエピソードもそれぞれに面白いものだが、ただ面白いだけではない。さまざまな時代や地域からさまざまな失敗を縦横無尽に結びつけ、ともすると国や企業の思惑がからんで放置されがちな現代の深刻な問題についても歴史上の失敗を引き合いに出し、著者なりのユニークな発想を交えながらも、当たり前のことを当たり前に論じている。

認知バイアスは私たちが生きるためになくてはならないもので、それを否定することはある意味で、私たちを人間たらしめている〈人間らしさ〉を否定することである。だが、ときに大きな過ちをしでかす認知バイアスの導くまま、私たちは人間らしく、これまで精力的にヘマを推し進めてきたのも事実である。ここに究極のパラドクスがある。

著者が言うように、私たちはめまぐるしい速度で技術と社会が移り変わる時代を生きていて、つねに予想のつかない新たな状況の渦中にいる。そんなとき、物事を判断するのに普段から頼りにしている経験則はうまく働いてくれない。私たちはつねに果てしない「初めて」の時代を生きていて、残念なことだが、すべての「初めて」がすべて良いとは限らない。少しでも良い世の中にしたくて行動した結果がずさんな計画のせいでうまくいかないこともあれば、どれほど周到に準備しても予想通りにいかないこともある。大仕事をやり終えたときに何かに足をすくわれることもある。

本書の冒頭は、直立歩行を始めたばかりの太古の祖先が木から落っこちて死んだという昔ばなしで始まる。そして、世界中を探検し、進歩を積みかさね、大きな夢や野望を抱いたすえに、地球は皆が捨てた宇宙ごみにすっぽりと包まれて、人類は地上に封じ込められてしまうかもしれないという暗澹たる未来予測で終わる。

なにやら人類の「失敗の神話」のようで、しまいには袋詰めになる切ない絵が目に浮かぶが（著者は人類が泣いてもいないうちから、鼻先にティシューを突き出すようなキャラである）、こんなふうにユーモアたっぷりに語るのはなぜかと言うと、伝えたいことを伝わりやすく、効果的に伝え、既存の価値観の枠組を超えて、本質的に時代を良くしたい思いがあるからだろう。これは今の時代に最も必要なことではないだろうか。

本書はすでに学術的に確立されている知識をフル活用し、私たちの脳と脳の使いかたに照らして過去の失敗を考えることで、現在の問題を見すえ、失敗のない未来につなげるための気骨のある「初めて」の試みである。夜空にきらめく星のような、素晴らしい人類の大失敗の数々をお楽しみいただけたら幸いだ。

著者トム・フィリップスはロンドンを拠点とするジャーナリスト兼ユーモア作家である。ケンブリッジ大学で、考古学、人類学、歴史学、科学哲学を学び、テレビや議会でコメディーを披露するグループに所属していたこともある。前職はバズフィードUKの編集ディレクターとして、深刻な報道からユーモア記事まで幅広く扱ってきた。本書を書き上げてからは、ニュース記事の事実関係の真偽を確認する慈善団体フルファクトの編集者となった。

最後になったが、河出書房新社の揖木敏男氏がいなかったら、私はこうしたかたちで訳書を出す機会に恵まれなかったかもしれない。本書を訳す機会を与えて下さった河出書房新社の皆様に、この場を借りて心よりお礼を申し上げる。

二〇一九年五月

禰宜田　亜希

禰宜田亜希（ねぎた・あき）
翻訳家。早稲田大学卒業。椙山女学園大学でおもにイギリス文学を、ニュースクール大学とニューヨーク市立大学でアメリカ文学を学ぶ。

とてつもない失敗《しっぱい》の世界史《せかいし》

2019年6月20日　初版印刷
2019年6月30日　初版発行

著　者　トム・フィリップス
訳　者　禰宜田亜希
装　幀　岩瀬聡
装　画　磯良一
発行者　小野寺優
発行所　株式会社河出書房新社
〒151-0051 東京都渋谷区千駄ヶ谷2-32-2
電話（03）3404-1201［営業］（03）3404-8611［編集］
http://www.kawade.co.jp/
印　刷　株式会社亨有堂印刷所
製　本　小髙製本工業株式会社
Printed in Japan
ISBN978-4-309-22777-1

柔軟的思考
——困難を乗り越える独創的な脳

レナード・ムロディナウ
水谷淳訳

激変する現代社会に必要な思考法、それは柔軟的思考である。分析的思考とは正反対の、無意識と想像に支えられた考え方。新たな枠組みで幅広くものを考える術を身につけるための方法論。

河出文庫
脳はいいかげんにできている
その場しのぎの進化が生んだ人間らしさ

デイヴィッド・J・リンデン
夏目大訳

脳はその場しのぎの、場当たり的な進化によってもたらされた！　性格や知能は氏か育ちか、男女の脳の違いとは何か、などの身近な疑問を説明し、脳の常識を覆す！　池谷裕二推薦！

河出文庫
偉人たちのあんまりな死に方
ツタンカーメンからアインシュタインまで

ジョージア・ブラッグ
梶山あゆみ訳

あまりにも悲惨、あまりにもみじめ……。医学が未発達な時代に、あの世界の偉人たちはどんな最期を遂げたのか？　思わず同情したくなる、知られざる事実や驚きいっぱいの異色偉人伝！

河出文庫
この世界が消えたあとの
科学文明のつくりかた

ルイス・ダートネル
東郷えりか訳

どうすればゼロから文明を再建できるのか？　穀物の栽培や紡績、製鉄、発電、電気通信など、生活を取り巻く科学技術について知り、科学とは何かを考える、世界十五カ国刊行のベストセラー！